Collection « L'esprit économique »

fondée par Sophie Boutillier et Dimitri Uzunidis en 1996
dirigée par Sophie Boutillier, Blandine Laperche, Dimitri Uzunidis

Si l'apparence des choses se confondait avec leur réalité, toute réflexion, toute Science, toute recherche serait superflue. La collection « L'esprit économique » soulève le débat, textes et images à l'appui, sur la face cachée économique des faits sociaux : rapports de pouvoir, de production et d'échange, innovations organisationnelles, technologiques et financières, espaces globaux et microéconomiques de valorisation et de profit, pensées critiques et novatrices sur le monde en mouvement...
Ces ouvrages s'adressent aux étudiants, aux enseignants, aux chercheurs en sciences économiques, politiques, sociales, juridiques et de gestion, ainsi qu'aux experts d'entreprise et d'administration des institutions.

La collection est divisée en six séries :

Dans la série *Economie et Innovation* sont publiés des ouvrages d'économie industrielle, financière et du travail et de sociologie économique qui mettent l'accent sur les transformations économiques et sociales suite à l'introduction de nouvelles techniques et méthodes de production. L'innovation se confond avec la nouveauté marchande et touche le cœur même des rapports sociaux et de leurs représentations institutionnelles.

La série *Economie formelle* a pour objectif de promouvoir l'analyse des faits économiques contemporains en s'appuyant sur les approches critiques de l'économie telle qu'elle est enseignée et normalisée mondialement. Elle comprend des livres qui s'interrogent sur les choix des acteurs économiques dans une perspective macroéconomique, historique et prospective.

Dans la série *Le Monde en Question* sont publiés des ouvrages d'économie politique traitant des problèmes internationaux. Les économies nationales, le développement, les espaces élargis, ainsi que l'étude des ressorts fondamentaux de l'économie mondiale sont les sujets de prédilection dans le choix des publications.

La série *Krisis* a été créée pour faciliter la lecture historique des problèmes économiques et sociaux d'aujourd'hui liés aux métamorphoses de l'organisation industrielle et du travail. Elle comprend la réédition d'ouvrages anciens, de compilations de textes autour des mêmes questions et des ouvrages d'histoire de la pensée et des faits économiques.

La série *Clichés* a été créée pour fixer les impressions du monde économique. Les ouvrages contiennent photos et texte pour faire ressortir les caractéristiques d'une situation donnée. Le premier thème directeur est : mémoire et actualité du travail et de l'industrie ; le second : histoire et impacts économiques et sociaux des innovations.

La série *Cours Principaux* comprend des ouvrages simples, fondamentaux et/ou spécialisés qui s'adressent aux étudiants en licence et en master en économie, sociologie, droit, et gestion. Son principe de base est l'application du vieil adage chinois : « le plus long voyage commence par le premier pas ».

HANDICAP
ET INSERTION PROFESSIONNELLE

5-7, rue de l'École-Polytechnique, 75005 Paris

http://www.editions-harmattan.fr

ISBN : 978-2-14-027337-7
EAN : 9782140273377

Gérard Duthil

Handicap et insertion professionnelle

L'Harmattan

Du même auteur :

Ouvrages :

« Les entreprises face à l'encadrement du crédit », Edition L'Harmattan, Coll. Logiques Économiques, 1990, (préface de M. le Professeur C. de Boissieu).

« Les politiques salariales en France », Edition L'Harmattan, Coll. Logiques Économiques, 1993, (préface de M. le Professeur W. Marois).

« Les métamorphoses de l'agriculture française », Edition L'Harmattan, Coll. Logiques Économiques, 1998.

« Le chômage des jeunes en Europe », - G. Duthil, E. Paquet-. Edition L'Harmattan, Coll. Logiques Économiques, 2000.

« Économie du travail et des ressources humaines », Edition L'Harmattan, Coll. Logiques Économiques, 2004.

« Progrès technique et marché du travail », Edition L'Harmattan, Coll. Logiques Économiques, 2006.

« Économie publique et métamorphoses sociales », Edition L'Harmattan, Coll. Logiques Économiques, 2019.

Manuels :

« Statistiques appliquées à l'économie d'entreprise », Edition L'Harmattan, Coll. Didactique des Logiques Économiques, 1990, (G. Duthil, D. Van Haecke).

« Les fondements de l'économie d'entreprise », Edition L'Harmattan, Coll. Didactique des Logiques Économiques, 1993, (G. Duthil, D. Van Haecke).

« Statistiques probabilistes appliquées à l'économie d'entreprise », Edition L'Harmattan, Coll. Didactique des Logiques Économiques, 2005, (G. Duthil, D. Gambier).

Les personnes handicapées font partie des groupes les plus marginalisés, en retenant des critères tels que : niveau de santé détérioré, déficit de formation, taux de chômage et de pauvreté plus élevés, … De nombreuses études ont abouti à la conclusion qu'en général, les personnes handicapées sont plus désavantagées au niveau professionnel que les personnes valides.

Il apparaît que les offreurs de travail atteints d'une déficience, quelle qu'elle soit, présentent des difficultés à s'insérer dans le monde professionnel, voire dans la société. La gêne, les maladresses, l'empathie font que la distance se creuse souvent entre valides et handicapés.

Pour une entreprise, avoir un travailleur handicapé en son sein signifie qu'elle doit adapter l'aménagement du poste de travail, les horaires, le contrat de travail, … Toutes ces adaptations constituent un coût plus ou moins important pour l'entreprise.

En France, comme en Europe d'ailleurs, de nombreuses lois ont eu pour objectif une meilleure insertion sociale et professionnelle des personnes handicapées. Néanmoins, la persistance de freins psychologiques ou les peurs de perte de profit, de moindre productivité, d'adaptation difficile avec les collègues, … poussent les entreprises à être réticentes à l'embauche de travailleurs atteints d'une déficience. Pourtant, les travailleurs handicapés peuvent être tout aussi efficaces, voire plus motivés, que les travailleurs valides. Ces faits conduisent à constater des comportements discriminatoires des entreprises soit à l'embauche, soit dans l'activité professionnelle.

La lutte contre la discrimination au travail se trouve donc au cœur des politiques de l'emploi, notamment en matière de handicap, depuis l'adoption du traité d'Amsterdam le 2 octobre 1997, en son article 13. La portée de celui-ci est elle-même renforcée par une déclaration dans l'acte final du traité. Elle prévoit que lorsque la Communauté arrête des mesures concernant le rapprochement des législations des États membres, ses institutions tiennent compte des besoins des personnes handicapées. La plupart des pays de l'Union européenne ont révisé ou révisent leur législation en faveur des personnes handicapées afin de les mettre en conformité avec les directives des instances communautaires.

En matière de lutte contre la discrimination, la France adopte une approche restrictive des travailleurs handicapés, fondée sur la mesure des différents degrés de capacités fonctionnelles ou professionnelles. Cette politique repose sur un système de quotas d'emplois réservés aux personnes handicapées à hauteur de 6%, pour l'ensemble des employeurs publics et privés (loi du 10 juillet 1987 en faveur de l'emploi des personnes handicapées). Ce système est renforcé par la loi du 11 février 2005, pour l'égalité des droits et des chances, la participation et la citoyenneté des personnes handicapées.

La loi renforce l'obligation d'emploi et le principe de non discrimination qui, pour l'essentiel, recouvrent une augmentation de la cotisation en cas d'absence d'embauche de personnes handicapées durant trois années consécutives. La nouvelle loi élargit le champ des entreprises assujetties comme les possibilités de réponse à l'obligation. Parallèlement, les pénalités en cas de non respect du quota sont augmentées.

Face à cette vision restrictive, il est facile d'opposer la vision extensive des travailleurs handicapés développée au

Royaume Uni. L'appréciation du handicap est flexible, renvoyant à une aptitude générale à l'emploi, à une capacité à mener une vie quotidienne normale, à un rapport entre la personne et son environnement, voire à la simple satisfaction des besoins. Ces visions opposées permettent de distinguer deux écoles en ce domaine en Europe, celle de l'obligation d'emploi et celle de l'incitation à l'emploi.

Sommaire :

Partie I :

Les dispositifs d'insertion des travailleurs handicapés
Sur le marché du travail

P. 11

Partie II :

Modélisation de la gestion des travailleurs handicapés

P. 39

Partie III :

L'insertion professionnelle des personnes handicapées
Sur le marché du travail

P. 81

Partie I

Les dispositifs d'insertion des personnes handicapées sur le marché du travail

Les politiques anti- discriminatoires vis-à-vis des personnes handicapées entre les pays européens diffèrent fortement. Il est assez facile d'opposer les systèmes français et du Royaume-Uni Cependant, la directive des communautés européennes du 27 novembre 2000 (portant sur un cadre général en faveur de l'égalité de traitement en matière d'emploi et de travail) vise à une harmonisation des législations.

Cette première partie répond à un triple objectif, à savoir : la définition et des modes de reconnaissance du handicap, l'opposition de deux politiques d'insertion des handicapés, et enfin l'établissement d'un constat global des politiques dans un cadre européen.

§ 1 - Définitions et typologie du handicap

La définition du handicap permet de créer une typologie des origines du handicap.

1.1 - Définitions du handicap

L'OMS définit la personne handicapée comme : *« celui dont l'intégrité physique ou mentale est progressivement ou définitivement diminuée, soit congénitalement, soit sous l'effet de l'âge, d'une maladie ou d'un accident, en sorte que son autonomie, son aptitude à fréquenter l'école ou occuper un emploi sont restreintes »*. En 1980, la classification internationale des handicaps (CIH) permet ainsi une description des conséquences des maladies et des problèmes de santé connexes. La déficience correspond à des anomalies structurelles ou fonctionnelles du corps, alors que l'incapacité correspond à une réduction partielle ou totale de la capacité d'accomplir une activité d'une façon normale pour un être humain. Ainsi, il en résulte, pour l'individu, un désavantage social provenant d'une déficience ou d'une incapacité qui limite ou interdit l'accomplissement d'un rôle dans la société. La définition insiste sur les éléments qui limitent l'insertion des personnes handicapées. En 2001, l'OMS révise sa classification qui est remplacée par la classification internationale du fonctionnement, du handicap et de la santé (CIF), apportant une dimension sociale au handicap en incluant trois nouvelles dimensions, à savoir : le corps, les activités et la participation (Cf. Tableau 1).

La définition légale du handicap en France est donnée par la loi pour l'égalité des droits et des chances, la participation et la citoyenneté des personnes handicapées du 11 février 2005 dans son article 114, comme suit : *« constitue un handicap, au sens de la présente loi, toute limitation d'activité ou restriction de participation à la vie en société subie dans son environnement par une personne en raison d'une altération substantielle, durable ou définitive d'une ou plusieurs fonctions physiques, sensorielles, mentales, cognitives ou psychiques, d'un polyhandicap ou d'un trouble de santé invalidant ».*

Le code du travail, dans son article L.5213-1 définit le travailleur handicapé comme *« toute personne dont les possibilités d'obtenir ou de conserver un emploi sont effectivement réduites par suite de l'altération d'une ou plusieurs fonctions physique, sensorielle, mentale ou psychique ».*

Ainsi, la qualité de travailleur handicapé est reconnue par la commission des droits et de l'autonomie des personnes handicapées en lui conférant un statut. Mais, souvent par crainte d'être spécifiées, les personnes handicapées éprouvent quelques réticences à s'engager dans cette démarche de reconnaissance qui leur permettrait pourtant d'ouvrir certaines aides dans une limite de temps (Cf. Typologie des mesures).

Tableau 1 : la classification internationale du fonctionnement, du handicap et de la santé

	Fonctionnement et handicap		Facteurs contextuels	
Critères	Fonctions organiques et structures anatomiques	Activités et participation	Facteurs environnementaux	Facteurs personnels
Domaines	1. Fonctions organiques 2. structures anatomiques	Domaines de la vie (tâches, actions)	Facteurs extérieurs affectant le fonctionnement	Facteurs internes affectant le fonctionnement
Schémas	1. Changement dans les fonctions organiques 2 Changement dans la structure anatomique	Capacité de réaliser des tâches dans un environnement standard Performance : réaliser des tâches dans un environnement	Impact (facilitateur ou obstacle) de la réalité physique, de la réalité sociale ou des attitudes	Impact des attributs de la personne
Aspects positifs	Intégrité fonctionnelle et structurale	Activité participation	Facilitateurs	-
Aspects négatifs	Déficience	Limitation de l'activité et restriction à la participation	Barrières, obstacles	-

Source : Organisation Mondiale de la Santé

1.2 - Typologie du handicap

En fait, il est possible d'opposer deux grandes catégories de handicap par rapport au marché du travail car, en fonction du type de handicap, les personnes handicapées peuvent avoir des difficultés très différentes d'insertion dans l'emploi, voire même sur le marché. Cependant, la présence d'une déficience chez un individu n'implique pas nécessairement l'existence d'un handicap. Mais, la permanence et l'intensité de la déficience constituent le handicap. Toutefois, le handicap peut avoir plus ou moins d'incidence sur la vie d'un individu en fonction de sa personnalité, de son environnement, de ses activités, ...

Le handicap physique peut être décliné en trois sous catégories, à savoir :

- Le handicap moteur recouvre l'ensemble des troubles pouvant entraîner une atteinte partielle ou totale de la motricité, notamment des membres inférieurs ou supérieurs. Certaines déficiences motrices d'origine cérébrale peuvent provoquer des difficultés dans l'expression orale sans pour autant venir d'une altération des capacités intellectuelles. En plus des personnes nées avec cette déficience, il faut ajouter celles ayant subi un accident ou dont l'âge est à l'origine de ces troubles. En France, huit millions de personnes seraient actuellement touchées par un handicap moteur, quelque soit l'intensité.

- Le handicap visuel concerne les personnes non voyantes ou malvoyantes.

- Le handicap auditif est variable allant de la personne non entendante à une perte plus ou moins prononcée de l'audition.

Tableau 2 : Typologie du handicap

	Handicap physique	Handicap mental	Handicap psychique
Origines	- A la conception : maladies génétiques, chromosomiques, - Durant la grossesse : alcool, tabac, virus, accidents - A la naissance : prématuré - Après la naissance : accidents, traumatismes, maladies, âge	- A la conception (maladies génétiques, chromosomiques, - Durant la grossesse : alcool, tabac, virus, A la naissance : prématuré, souffrance cérébrale - Après la naissance : maladies infectieuses, virales	A l'adolescence ou l'âge adulte
Types de défi- ciences	Déficiences physiques partielles ou globales, temporaires ou durables	Déficiences intellectuelles durables	Déficience psychique caractérisée par une altération de la pensée, de l'humeur, du comportement
Soins	Peu fréquents	Peu fréquents	Indispensables
Manifes tations	Parfois dégénérescente	Grande stabilité	Évolution fréquente des manifestations entraînant des incertitudes

Le handicap mental ou psychique recouvre deux sous catégories, à savoir :

- Le handicap mental est caractérisé par une difficulté à

comprendre et une limitation dans la rapidité des fonctions mentales sur le plan de la compréhension, des connaissances et de la cognition. Il se définit comme la conséquence d'une déficience intellectuelle provoquant des difficultés de réflexion, de communication et de décision. Le handicap mental ne peut pas être soigné ; il doit être compensé par un environnement aménagé et par un accompagnement humain plus ou moins fort. 700 mille personnes souffriraient en France d'un handicap mental, soit 20% des handicapés. 6 à 8 mille enfants naissent chaque année avec un handicap mental.

- Le handicap psychique se définit comme « l'altération d'une ou plusieurs fonctions psychiques » qui conduit à une situation de handicap. Il n'est pas lié directement aux capacités intellectuelles de la personne. Bien que ce handicap se soigne, ses manifestations sont variables dans le temps. Toutefois, la permanence ou l'intensité de ce trouble psychique fait apparaître la situation de handicap (schizophrénies, phobie, trouble obsessionnel compulsif, trouble d'anxiété, trouble de la personnalité, maladie d'Alzheimer).

En raison de la spécificité du handicap, ces personnes accèdent difficilement à l'emploi en milieu ordinaire et éprouvent des difficultés pour s'y maintenir. Selon une enquête INSEE (2008), 350 mille personnes sont reconnues comme handicapés psychiques en France. Ils sont, pour une faible partie, accompagnés par CAP emploi et par le Sameth.

§ 2 - La politique française en matière de handicap.

Après avoir rappelé le cadre législatif, les perspectives socioéconomiques et la nouvelle orientation de la loi seront exposées.

2.1 – Le cadre législatif

La loi du 30 juin 1975 d'intégration des personnes handicapées abandonne la conception classique d'assistance que caractérisait la législation antérieure, protectrice de groupes spécifiques (accidentés de travail, invalides de guerre) et basée sur le versement de prestations sociales. La loi de 1975 constitue une véritable charte des droits des personnes handicapées, en étendant la protection aux personnes de tous les âges, s'appliquant à l'éducation, l'emploi, la sécurité sociale et l'accessibilité aux bâtiments. Selon la loi, l'intégration des personnes handicapées constitue une obligation nationale. Elle met en place la commission départementale de l'éducation spéciale (CDES) et la commission technique d'orientation et de reclassement professionnel (COTOREP) qui sont chargées de reconnaître le handicap et d'attribuer des prestations auxquelles les personnes ont droit.

L'article 14 de cette loi en faveur des personnes handicapées instaure la reconnaissance de la qualité de travailleur handicapé (RQTH), véritable statut reconnu par la commission des droits et de l'autonomie des personnes handicapées.

Cependant, par crainte d'être cataloguées, certains ne s'engagent pas dans cette démarche de reconnaissance. Toutefois, cette dernière permet une ouverture de droits à certaines aides. Elle correspond, par ailleurs, à une mesure limitée dans le temps (durée maximale de cinq ans), mais renouvelable et ajustable en fonction de l'activité professionnelle.

Même s'il n'existe pas d'obligation légale d'informer l'employeur d'une RQTH, les mesures d'aides à l'emploi de personnes handicapées sont multiples :

- bénéficier du dispositif légal de l'obligation d'emploi,

- bénéficier du soutien du réseau de placement spécialisé : Cap Emploi (travail en milieu ordinaire) ou Sameth (maintien dans l'emploi).

- bénéficier d'une durée légale de préavis de licenciement doublée dans toutes les entreprises, y compris celles, de moins de dix salariés, non soumises à l'obligation d'emploi de travailleurs handicapés.

- d'accéder prioritairement à des dispositifs de droit commun de la politique de l'emploi (exemple : contrats de travail aidés).

- bénéficier des aides de l'AGEFIPH ou du FIPHFP (primes à l'insertion, formations spécifiques, ...).

- demander une orientation vers un établissement ou un service d'aide par le travail (ESAT).

- bénéficier d'un aménagement d'horaires individualisés dans l'entreprise afin de faciliter l'accès à l'emploi, l'exercice professionnel ou le maintien dans l'emploi.

- accéder à la fonction publique par concours ou recrutement contractuel spécifique.

- accéder aux dispositifs spécifiques à l'emploi des travailleurs handicapés (stage de formation ou de rééducation professionnelle).

- accéder au dispositif de retraite anticipée.

La RQTH présente également des avantages pour l'entreprise puisque :

- L'entreprise peut ainsi répondre, partiellement ou totalement, à l'obligation d'emploi des travailleurs handicapés et donc de diminuer ou d'annuler la contribution financière liée au non respect de l'obligation d'emploi des travailleurs handicapés.

- L'entreprise peut également percevoir des aides des organismes spécialisés afin d'aménager le poste de travail du travailleur handicapé ou de le maintenir dans l'emploi.

- Elle peut tirer profit en termes de motivation des personnes recrutées, de création de liens sociaux, d'expériences acquises en matière de maintien dans l'emploi ou d'image affichée par la direction.

- La « reconnaissance de la lourdeur du handicap » (RLH, classement appliqué depuis le 1 janvier 2006) permet de moduler l'aide financière apportée à l'entreprise ou à la personne en fonction de son activité professionnelle. Cette aide a pour but de faciliter l'accès à l'emploi pour toute personne handicapée, son insertion ou son maintien en milieu ordinaire.

La loi du 10 juillet 1987 relative à l'emploi des personnes handicapées ajoute des engagements plus concrets, instaurant une politique de responsabilité des acteurs sociaux. Elle est bâtie sur trois principes :

- La non discrimination sociale en raison d'une maladie ou d'un handicap ;

- Le droit aux aides et services spéciaux de protection sociale ;

- L'intégration par l'emploi selon deux modalités : le travail protégé (ateliers, centres de travail à domicile, centres d'aide au travail) et le travail en milieu ordinaire tant dans le secteur public que privé.

La loi de 1987 relative à l'emploi impose le système de quotas (6%), cherchant à implanter une culture de l'emploi, c'est-à-dire un système qui met en contact les besoins des entreprises avec les capacités de travail des handicapés. La finalité de la réforme est l'intégration des personnes handicapées dans le milieu ordinaire de travail, mais sans abandonner le système d'emploi protégé. Elle crée également un fonds pour l'insertion des personnes handicapées (AGEFIPH).

La loi du 12 juillet 1990 introduit dans le code pénal le délit de discrimination pour des raisons de santé ou de handicap, la différence de traitement pouvant être sanctionnée avec deux ans d'emprisonnement et 200000 francs (30 000 euros) d'amende, bien que très peu de cas ont été portés devant les tribunaux.

La loi adoptée le 11 février 2005 pour l'égalité des droits et des chances, la participation et la citoyenneté des personnes handicapées, répond à l'une des trois priorités du quinquennat définies par le Président de la République, J. Chirac. Le gouvernement s'était fixé un quadruple objectif, répondant ainsi à l'exigence de la directive des communautés européennes du 27 novembre 2000, à savoir:

- La mise en œuvre du droit de compensation pour les personnes handicapées de façon à leur apporter les aides jugées nécessaires ;

- L'organisation de la vie collective autour des principes de non discrimination pour permettre la participation de tous à la vie sociale ;

- La simplification des démarches pour les personnes handicapées et la rénovation de l'organisation institutionnelle de la politique du handicap. Elle crée des maisons départementales des personnes handicapées (MDPH) dans chaque département afin de faciliter leurs démarches. Ces MDPH ont un rôle d'accueil, d'information d'accompagnement et de conseil des personnes handicapées.

- La loi impose plus fortement la contrainte de seuil d'emploi en modifiant le mode de calcul des pénalités en cas d'absence d'embauche de personnes handicapées pour « forcer » les établissements à embaucher plutôt que de verser une contribution. De plus, elle étend le champ d'application de la loi au secteur public et crée ainsi un fonds pour l'insertion des personnes handicapées dans la fonction publique (FIPHFP) afin de gérer les contreparties financières versées par les établissements publics de plus de 20 salariés qui ne remplissent pas leur obligation sous forme d'emploi direct de travailleurs handicapés.

Une étude de la DARES (2008) établit quelques conclusions sur les effets de l'obligation d'emploi des travailleurs handicapés :

- En 1996, 34% des établissements assujettis avaient choisi de remplir leur obligation d'emploi en contribuant financièrement au mécanisme. Ils n'étaient plus que 27% dans cette même situation en 2005. En fait, au cours du temps, les établissements ont combiné les différentes modalités (28% en 1996 et 35% en 2005).

- Les grands établissements embauchent davantage des travailleurs handicapés que les petits et moyens. 80% des établissements de plus de 200 salariés avaient embauché au moins un travailleur handicapé alors que 50% des établissements de 20 à 50 salariés étaient dans cette situation en 2005. De même, un établissement industriel sur trois s'acquitte de l'obligation par emploi direct et un sur deux dans la construction.

- Le taux de chômage des offreurs de travail handicapés est supérieur au taux de chômage des valides. L'écart est plus marqué en période de récession qu'en phase d'expansion. Entre 2005 et 2007, le nombre de demandeurs d'emploi handicapés baisse de 20%.

Ainsi en France, l'objectif est l'intégration éducative et par l'emploi par les moyens des services économiques et d'assistance pour toutes les personnes handicapées, indépendamment de la nature et de l'origine du handicap.

2.2 – Implications de la loi sur la prise en compte du handicap

Depuis le 1 janvier 2006, la qualité de travailleur handicapé est reconnue par la commission des droits et de l'autonomie des personnes handicapées (CDAPH), elle se substitue à la COTOREP. La CDAPH siège au sein des maisons départementales des personnes handicapées.

Pour être reconnu travailleur handicapé, la CDAPH doit être saisie soit par la personne handicapée, par les personnes qui en ont la charge effective, par son représentant légal ou par l'autorité responsable de l'établissement qui assure la prise en charge ou l'accompagnement de la personne.

La loi du 11 février 2005 a supprimé la classification en trois catégories des travailleurs handicapés jusqu'ici utilisée par la COTOREP (catégorie A : handicap léger ; catégorie B : handicap modéré ; catégorie C : handicap lourd). Toutefois, une procédure de reconnaissance du degré de handicap est mise en place. L'entreprise qui emploie des personnes fortement handicapées, peut bénéficier soit d'une modulation du montant de la contribution AGEFIPH, soit d'une aide à l'emploi.

Le statut du travailleur handicapé en matière de rémunération est régi par l'article L.323-6 du code du travail. Il est mentionné que le salaire ne peut être inférieur à celui qui résulte de l'application des dispositions législatives et réglementaires ou de la convention ou de l'accord collectif régissant le travail. Le salaire de la personne handicapée ne peut cependant être inférieur au SMIC. Ainsi, il n'est pas défini en fonction de l'efficience de la personne.

Une aide à l'emploi peut être accordée aux employeurs, sur décision de la DDTEFP après avis de l'inspecteur du travail, afin de faire face aux charges que peut représenter l'emploi d'un travailleur handicapé.

La loi du 11 février 2005 maintient un quota de 6% en termes d'obligation d'emploi des personnes handicapées pour les entreprises. Toutefois, il existe des alternatives au quota en termes d'obligation d'emploi. L'accueil en stage en entreprise de personnes handicapées exonère partiellement l'obligation d'emploi. Sont également exonérées, cependant partiellement, les entreprises qui passent des contrats de sous-traitance avec des entreprises adaptées, des centres de distribution de travail à domicile ou des ESAT ou lorsqu'un accord collectif prévoit un programme annuel ou pluriannuel d'embauche de personnes handicapées.

La contribution AGEFIPH constitue le moyen privilégié des entreprises pour s'acquitter de leur obligation d'emploi. Le montant de la contribution se calcule en multipliant le nombre de bénéficiaires de l'obligation d'emploi manquant par un coefficient de minoration prévu au titre des emplois exigeant des conditions d'aptitude particulière et par une somme qui, fixée en fonction du SMIC, varie selon l'effectif de l'entreprise. Ces dernières peuvent bénéficier de dépenses déductibles du montant de leur contribution. Ces dépenses ne leur incombant pas mais, elles les ont supportées pour favoriser l'accueil, l'insertion ou le maintien à l'emploi des travailleurs handicapés.

Selon la DARES, même si les objectifs de la loi n’ont été que partiellement atteints, celle-ci a eu des effets positifs sur le marché du travail pour les personnes handicapées :

- La loi de 2005 aurait permis d'augmenter les embauches de travailleurs handicapés. En 2006, 19300 offreurs de travail handicapés ont été embauchés contre 15600 en 2005, soit +24%.

- Le nombre d'entreprises couvertes par un accord collectif relatif à l'emploi des travailleurs handicapés a augmenté de 15% entre 2005 et 2006.

De même, le rapport d'activité de l'Agefiph de 2007 montre des progrès dans l'insertion des personnes handicapées suite à la loi de 2005 :

- Le nombre de contrats d'apprentissage signés par des personnes handicapées a augmenté de 17% en 2006 et les contrats de professionnalisation assortis d'une prime de 54%.

- Le nombre de travailleurs handicapés insérés a augmenté de 17% atteignant 190000 personnes dont près de 10000 créateurs d'entreprises.

Toutefois, en 2006, l'emploi des handicapés reste inférieur à l'obligation légale : 2,7% pour le secteur privé et 3,5% pour le secteur public, résultats en de ça des objectifs.

2.3 – Refondation de la loi sur le handicap

La loi du 8 août 2016 met en place le dispositif « d'emploi accompagné ». Il doit permettre l'emploi durable en milieu ordinaire à des personnes, en situation de handicap, et de s'y maintenir par un suivi personnalisé. Cette loi assure également l'accessibilité numérique pour les travailleurs handicapés dans les lieux de travail : « L'employeur s'assure que les logiciels installés sur le poste de travail des personnes handicapées et nécessaires à leur exercice professionnel sont accessibles. Il s'assure également que le poste de travail des personnes handicapées est accessible en télétravail ».

Les dispositions relatives à la loi de 2018 dite « Avenir professionnel » visent à accentuer la dynamique vers l'entreprise inclusive et à développer les possibilités d'emploi en milieu ordinaire. L'obligation d'emploi est reformulée pour stimuler l'emploi direct par divers canaux :

- L'assujettissement à l'obligation d'emploi se fait au niveau de l'entreprise et non plus au niveau de l'établissement. Ainsi, dès qu'une entreprise emploie au moins 20 salariés, tous les établissements rattachés, quel que soit leur effectif, entrent dans le champ de l'obligation.

- Les salariés des entreprises sous-traitantes ne sont plus comptabilisées au titre de l'obligation d'emploi.

- L'employeur peut s'acquitter de son obligation d'emploi en signant avec les partenaires sociaux un accord, agréé par l'État, comportant des mesures favorables au maintien ou au recrutement de travailleurs handicapés. Ces accords, illimités dans le temps avant 2018, deviennent valables trois ans et renouvelables qu'une fois.

- Le nombre des dépenses déductibles de la contribution est réduit et recentré sur l'emploi direct.

L'autre axe de la loi de 2018 concerne la réforme des entreprises adaptées. L'objectif de favoriser l'entreprise inclusive conduit à ouvrir davantage ces entreprises vers l'extérieur et à renforcer leur fonction d'intermédiaire entre l'emploi protégé et l'emploi ordinaire.

Ainsi, les entreprises adaptées doivent promouvoir la mixité des collectifs de travail (passage progressif de 80% de travailleurs handicapés dans leurs effectifs de production à 55% de façon à créer une entreprise adaptée pro-inclusion) et des passerelles vers des entreprises ordinaires à partir d'un « contrat à durée déterminée tremplin » (CDD de 4 à 24 mois entre un travailleur handicapé et une entreprise adaptée, destiné à l'amener vers une embauche dans une entreprise ordinaire). Ces deux axes permettent de préparer et d'accompagner la transition professionnelle des travailleurs handicapés vers des emplois durables en milieu ordinaire.

§ 3 - La politique britannique en matière de handicap.

Après avoir rappelé le cadre législatif, les implications socioéconomiques de la loi seront précisées.

3.1 – Le cadre législatif

En 1944, fut adoptée une des premières législations en matière d'emploi des personnes handicapées, il s'agit du "Disabled Persons Employment Act". Cette loi imposait une obligation d'emploi de travailleurs handicapés par un quota de 3% aux entreprises de plus de 20 salariés. Il semble généralement admis que le système de quota, au Royaume-Uni, a échoué dans la promotion de l'emploi des personnes handicapées, que son suivi et son application ont été inadéquats (il n'y eut que 10 poursuites pour non respect de la réglementation, bien qu'en 1993 par exemple, moins de 20% des employeurs remplissaient leurs obligations par rapport au quota) et qu'il autorisait un grand nombre d'exemptions et d'exceptions.

Adopté en 1995, le « Disabled Discrimination Act » protège les personnes handicapées contre toute discrimination en matière d'emploi, d'accès aux biens, services et équipements, d'éducation et de transport. Elle définit une personne handicapée comme « une personne souffrant d'un handicap physique ou mental ayant un effet néfaste à long terme sur sa capacité à accomplir des activités quotidiennes normales ». Cette définition est vaste ; elle couvre les personnes atteintes d'un handicap physique, de troubles de l'ouïe ou de la vue, et peut également inclure les personnes souffrant d'une maladie mentale, d'arthrite, d'épilepsie, de diabète, ...

Selon la partie II de la loi, il est illégal pour les employeurs de désavantager les salariés et les demandeurs d'emploi handicapés par rapport aux valides en raison de leur handicap, sauf lorsque cela peut être justifié. Les employeurs doivent, dans la limite du raisonnable, faire des aménagements lorsque leurs locaux ou conditions de travail constituent des désavantages considérables pour les personnes handicapées par rapport aux personnes valides. La loi s'applique alors aux entreprises de 15 salariés et plus.

Depuis 1997, la politique britannique s'inscrit dans une action appelée « New Deal ». Cette politique ne se limite pas à des mesures favorisant le travail mais, fait parti d'une stratégie plus globale dite « Welfare to work ». La participation au « New Deal for disabled people » (NDDP) n'est toutefois pas obligatoire pour les personnes handicapées contrairement aux autres programmes du New Deal, destinés aux jeunes, aux parents isolés et aux chômeurs de longue durée. Le New Deal pour les personnes handicapées s'adresse aux personnes qui perçoivent des prestations de sécurité sociale en raison d'une maladie ou d'un handicap (Incapacity Benefit, Severe Disablement Allovance, War Pension with an Unemployability Supplement), et qui souhaitent travailler.

Dans le cadre de ce New Deal, les services de conseils en matière de recherche d'emploi ou de formation et le soutien sont assurés, pour le compte du gouvernement, par des prestataires spécialisés dans l'aide au retour à l'emploi des personnes malades ou handicapées. Lorsque l'embauche d'un participant au programme nécessite une adaptation du lieu de travail, l'employeur concerné peut être aidé financièrement.

3.2 – Implications du New Deal

Depuis juillet 2001, des agences de recrutement NDDP ont été introduites afin d'identifier de nouvelles façons d'aider les personnes, percevant des allocations invalidité ou maladie, pour recommencer à travailler. En septembre 2001, un réseau d'agences était déjà en place couvrant le Royaume-Uni. Cette initiative a été prorogée jusqu'en mars 2006 permettant aux agences d'améliorer les services offerts et aux clients de bénéficier d'une continuité de services dans le temps. Les principaux changements sont les suivants :

- Une prorogation de deux ans des contrats de prestations de services est accordée aux agences de recrutement proposant un projet de couverture et de placement satisfaisant et acceptant un nouvel accord de financement. Celui-ci inclut une hausse conditionnelle des frais d'enregistrement des clients soumise à l'amélioration des conditions contractuelles, devant comprendre un niveau minimal de performance et un projet de retour au travail pour les clients.

- Une réduction de 26 à 13 semaines de la période de qualification allouée aux agences pour prouver que les débouchés sont des emplois stables, tout en demandant toujours aux agences de continuer à apporter leur aide pour la période de 26 semaines.

- Une petite série d'appels d'offre, sur une zone géographique restreinte, afin de combler certaines lacunes et recruter de nouveaux prestataires pour contribuer à la future expansion des capacités.

Cependant, les travailleurs handicapés, bénéficiant de faibles revenus, voient ces derniers augmenter par voie fiscale. Il s'agit d'un crédit d'impôt dégressif instauré par la loi de 1999 à l'emploi (Working Family Tax Credit). Ce crédit d'impôt est considéré comme une prestation directe (l'impôt étant prélevé à la source), puisque ce crédit est pris en compte directement par l'employeur dans le versement du salaire. Aucun plafond de revenu n'est fixé, mais le montant du crédit d'impôt, qui résulte de l'addition d'un montant de base et de plusieurs suppléments, est réduit lorsque les revenus dépassent un certain plafond.

Contrairement à la loi de 1944, imposant un quota de 3% de travailleurs handicapés aux entreprises de plus de 20 salariés, la loi de 1995 n'impose aux employeurs aucune obligation d'emploi des travailleurs handicapés. De plus, certains secteurs ne sont pas soumis au DDA (Armée, Police, et sapeurs pompiers.

Les travailleurs handicapés, qu'ils s'agissent de candidats à l'emploi ou de salariés, doivent être traités de la même façon que les travailleurs valides par les entreprises soumises au DDA. Dès que les entreprises ont connaissance du handicap, elles doivent procéder aux adaptations « raisonnables » requises par l'état de la personne handicapée. Ces adaptations ne sont définies dans aucun texte car elles dépendent de chaque cas particulier.

Cependant, la loi donne quelques exemples ; il peut s'agir de l'aménagement des locaux ou du poste de travail, de l'assistance d'une tierce personne, de la notification de la procédure de recrutement, de l'assouplissement des horaires, ... L'appréciation du caractère raisonnable de l'adaptation dépend avant tout de la situation financière de l'employeur.

Il existe deux méthodes d'incitation à l'emploi des travailleurs handicapés au Royaume-Uni, à savoir :

- L'entreprise peut bénéficier du remboursement des surcoûts entrainés par l'emploi des travailleurs handicapés. Grâce au programme « Access to Work » et quel que soit la nature du surcoût lié au travailleur handicapé, l'entreprise d'accueil peut bénéficier d'une compensation financière. Il peut s'agir par exemple, d'adapter l'ergonomie d'un poste de travail en fonction du handicap de la personne.

- L'entreprise peut bénéficier d'une subvention à l'embauche. Les employeurs qui recrutent des handicapés, ont l'obligation de les rémunérer normalement, mais ils peuvent obtenir le remboursement d'une partie des frais de personnel pendant les 6 premières semaines. Dans la mesure où un salarié handicapé est recruté pour une durée d'au moins 6 mois, l'employeur peut au titre du programme « Professional Insertion », obtenir une subvention hebdomadaire de 75£ pendant 6 semaines, voire 13 semaines dans certains cas.

En 2014, Le programme « Access to Work Schemes » est élargi dans le but d'apporter une aide technique aux personnes handicapées en situation d'emploi, aux autoentrepreneurs ou aux travailleurs indépendants. Cette aide finance l'achat de matériel spécialisé, l'aménagement de l'environnement de travail ou encore l'assistance personnelle. Ainsi, le Royaume-Uni promeut, dans la sphère économique, l'emploi assisté (supported employment), fondé sur le principe d'inclusion en milieu ordinaire. A cette fin, le système propose un ensemble de mesures économiques et techniques de soutien à la personne handicapée et à l'employeur au cours du processus de prise de poste.

Au Royaume-Uni en 2013, presque une personne sur cinq en âge de travailler était reconnue comme une personne handicapée (7 millions, soit 19% de la population active). Ce nombre de personnes ayant une incapacité, est croissant (6.3 millions en 1998) et seulement la moitié des personnes handicapées en âge de travailler ont une activité, alors que 78% des personnes en âge de travailler sont actives. Toutefois, un tiers des personnes handicapées inactives souhaitaient être actives.

Le taux d'emploi varie selon le type de handicap. Les personnes handicapées avec des problèmes mentaux ont les taux d'emploi les plus bas (20% sont employés) et les personnes handicapées sont deux fois et demi plus nombreuses que le reste des actifs à n'avoir aucune qualification (27% contre 11% des valides).

§ 4 - La politique européenne en matière de handicap.

Après avoir rappelé le cadre général de la politique européenne, une typologie des politiques nationales sera proposée.

4.1 – Le cadre général de la politique européenne

Selon les statistiques européennes, un sixième de la population européenne serait en situation de handicap et seulement la moitié d'entre eux occuperait un emploi. Les personnes handicapées souffrent d'une plus grande vulnérabilité en période de retournement de conjoncture que les travailleurs valides.

L'union européenne s'est engagée en matière d'emploi des personnes handicapées à travers notamment la charte des droits fondamentaux.

L'article 26 de celle-ci « reconnaît et respecte le droit des personnes handicapées à bénéficier de mesures visant à assurer leur autonomie, leur intégration sociale et professionnelle et leur participation à la vie de la communauté ».

La directive 2000/78/CE a pour but de créer un cadre général en faveur de l'égalité de traitement en ce qui concerne l'emploi et le travail. Cette directive de 2000 fixe les objectifs à atteindre en le domaine tout en laissant aux États membres le choix des moyens pour les obtenir.

Ainsi, les 27 pays membres peuvent établir librement une politique d'emploi en faveur des personnes handicapées.

La stratégie handicap 2010-2020 porte sur le renouvellement des compétences et des emplois des offreurs de travail handicapés et met à disposition des pays membres des informations, analyses et orientations politiques et aides dans la mise en place des politiques. Cependant, malgré ces efforts de l'union économique d'uniformisation des politiques nationales en faveur des personnes handicapées, deux écoles peuvent être opposées soit en imposant aux entreprises un seuil minimal de travailleurs handicapés, soit en incitant les entreprises à employer des travailleurs handicapés par de multiples moyens, notamment financiers.

4.2 – Typologie des dispositifs

Même si deux grands modèles peuvent être clairement identifiés, le modèle scandinave associe les caractéristiques des deux premiers et constitue un dispositif plus protecteur.

Le modèle des quotas est hérité d'une démarche de protection sociale avancée. Il est développé par la France et l'Allemagne et utilise une méthode incantatoire. Il se fonde sur des quotas d'emplois en milieu ordinaire, réservés à des personnes en situation de handicap. Il s'accompagne de mesures spécifiques et d'un secteur développé d'emplois protégés.

Tableau 3 : Typologie des modèles

Modèle	Des quotas	Anti-discrimination	Scandinave
Principaux pays	Allemagne France	USA Royaume-Uni	Suède
Inspiration politique	Interventionniste	Libérale	Interventionniste
Approche du handicap	Sociale (Adaptation aux déficiences individuelles)	Environnementale (suppression des barrières)	Sociétale (suppression des barrières et réponses aux besoins spécifiques
Outil privilégié pour l'insertion professionnelle	Obligation d'emploi	Non-discrimination	Accessibilité universelle et subventions salariales
Outils annexes	Secteur protégé	Emploi accompagné	Emploi accompagné et secteur protégé.

Source : Inspection Générale des Affaires Sociales (2020)

Le deuxième modèle, modèle des droits, est fondé sur le principe de non-discrimination. Il met l'accent sur l'insertion en milieu ordinaire et sur l'obligation pour l'employeur de procéder à des aménagements raisonnables de l'environnement de travail pour les personnes ayant des besoins spécifiques.

Les deux modèles imposent une sanction financière en cas de non-respect des obligations d'emploi.

Le modèle scandinave correspond à une volonté affirmée d'État providence. Il mixte une législation anti discrimination et le maintien d'un secteur important d'emplois protégés. L'État intervient massivement par des subventions salariales aux entreprises et d'accompagnement aux personnes handicapées.

Deux écoles peuvent ainsi être opposées La première, dans laquelle se situe la France, utilise une méthode incantatoire. Tous les pays imposent une sanction financière, plus ou moins lourde, en cas de non-respect de l'obligation d'emploi.

La deuxième école, dont le Royaume Uni, comprend les pays qui tentent d'inciter les entreprises à embaucher des travailleurs handicapés (Cf. Tableau 5). Certains États, comme le Portugal, la Suède ou la Belgique, se préoccupent peu de la discrimination au travail qui n'est pas sanctionnée. Cependant, des mesures incitant les entreprises à l'embauche des offreurs de travail handicapés existent. Il n'y a toutefois aucune sanction pour les entreprises qui n'emploient pas de travailleurs handicapés.

Enfin, il est important de souligner deux constats. D'une part, les seuils minima ne sont pas identiques et concernent souvent des entreprises de tailles différentes. Ainsi, l'efficacité des mesures est bien évidemment inégale. D'autre part, les politiques incitatives sont propres à chacun des États et ont donc des effets différents.

Tableau 4 : la méthode incantatoire

Pays	Seuil
France	Seuil minimal de travailleurs handicapés établi à 6% pour toutes les entreprises de 20 salariés et plus
Allemagne	Seuil minimal de travailleurs gravement handicapés établi à 5% pour toutes les entreprises de 20 salariés et plus
Italie	Seuil minimal de travailleurs handicapés établi à 7% pour les entreprises de 50 salariés et plus ; Contrainte de 2 salariés handicapés pour les entreprises de 35 salariés à 49 et d'un pour les entreprises de 15 à 35 salariés
Luxembourg	Seuil minimal de travailleurs handicapés établi à 4% pour les entreprises de 300 salariés et plus, 2% pour les entreprises de 50 à 299 salariés et une personne handicapée pour les entreprises de 25 à 49 salariés. Les établissements publics sont tenus à 5% de leur effectif total.
Autriche	Seuil minimal de travailleurs handicapés établi à 4% pour les entreprises de 25 salariés et plus, soit 1 travailleurs handicapés pour 25 emplois.
Grèce	Seuil minimal de travailleurs handicapés établi à 3% pour les entreprises de 50 salariés et plus
Espagne	Seuil minimal de travailleurs handicapés établi à 2% pour les entreprises privées de 50 salariés et plus, couplé à d'autres modalités pour satisfaire cette obligation (exemple : contribution ou aide contractuelle). La fonction publique : 7% de l'emploi, dont 2% destinés au handicap mental.

Tableau 5 : L'école incitative

Pays	Actions incitatives
Royaume-Uni	Interdiction de toute discrimination envers les travailleurs handicapés en aidant financièrement les entreprises à les embaucher.
Finlande	Interdiction et sanction de toute discrimination envers les travailleurs handicapés en aidant financièrement les entreprises à les embaucher.
Danemark	Accès préférentiel pour des personnes handicapées pour certains emplois. L'Etat aide financièrement à la fois les entreprises et les travailleurs handicapés.
Irlande	Interdiction de toute discrimination envers les travailleurs handicapés avec l'obligation de mettre en conformité des installations spécifiques pour ceux-ci. Quota souhaité de 3% de travailleurs handicapés uniquement dans les entreprises publiques.
Pays-Bas	Lois favorisant l'insertion professionnelle des travailleurs handicapés, notamment par réduction des cotisations sociales liées à l'emploi.
Portugal	Incitation à employer entre 1 et 2% de travailleurs handicapés dans les entreprises privées et publiques.

En conclusion, malgré la volonté affichée de l'union européenne de lutter contre les discriminations à l'emploi des personnes handicapées en milieu ordinaire de travail, ces mesures sont loin d'être harmonisées. Un travail sur la définition du travailleur handicapé doit être effectué au niveau européen afin d'avancer dans une harmonisation des politiques.

Même si la tendance actuelle dans de nombreux pays européens se rapproche du schéma du Royaume-Uni, c'est-à-dire une approche renvoyant à une aptitude à l'emploi, à une capacité à mener une vie quotidienne normale, à un rapport entre la personne et son environnement, voire à la simple satisfaction des besoins ; les deux systèmes répondent à des logiques d'inspiration bien différentes, ou fondée sur un devoir moral de soutien aux personnes handicapées, ou sur l'égalité des droits et l'interdiction de toute discrimination ou privilège. L'Etat reste le moteur des deux systèmes en imposant les règles du jeu à tous les acteurs économiques.

Bibliographie

Dossier Juridique (2006), « *Obligation d'emploi des travailleurs handicapés* », TSA, n°1058, 10 mars.

Ph. Didier-Courbin (2005), « *Eléments d'information sur la législation en faveur des personnes handicapées en France : de la loi de 1975 à celle de 2005* », Revue française des Affaires sociales, n°2, avril/juin 2005.

DRESS (2006), *« La prise en charge du handicap aux Pays-Bas »*, Études et Résultats, n° 468.

Inspection Générale des Affaires Sociales (2020), *« Handicap et Emploi »*.

C. Prado (2014), *« Mieux accompagner et inclure les personnes en situation de handicap : un défi, une nécessité »*, CESE.

P. Thornton (2005), "*Panorama des dispositifs spécialisés ou non, existant en Europe et l'exemple du Royaume-Uni*", Revue française des Affaires sociales, n°2, avril/juin.

Travail Handicap Entreprise 2025 (2014), *"La prise en compte du handicap en situation de travail: une enquête internationale »*.

Partie II

Modélisation de la gestion des travailleurs handicapés

Les personnes handicapées font partie des groupes les plus défavorisés, en retenant des critères tels que : niveau de santé, niveau de formation, taux de chômage et taux de pauvreté. Pour une entreprise, avoir un travailleur handicapé en son sein signifie qu'elle doit adapter l'aménagement du poste de travail, les horaires, le contrat de travail, ... Toutes ces adaptations constituent un coût plus ou moins important pour l'entreprise.

En France, comme en Europe d'ailleurs, de nombreuses lois ont eu pour objectif une meilleure insertion sociale et professionnelle des personnes handicapées. Néanmoins, la persistance de freins psychologiques ou les peurs de perte de profit, de moindre productivité, d'adaptation difficile avec les collègues, ... poussent les entreprises à être réticentes à l'embauche de travailleurs atteints d'une déficience. Pourtant, les travailleurs handicapés peuvent être tout aussi efficaces que les travailleurs valides, ce qui conduit à s'interroger sur des comportements discriminatoires de la part des entreprises à l'embauche ou dans l'activité professionnelle.

§ 1 - La notion de discrimination.

À la suite de B. Chiplin et P.J. Sloane (1974), il est possible d'opposer deux contextes de discrimination. Ces deux auteurs distinguaient les processus de "pre-entry discrimination" (discrimination sur le marché du travail où le handicap apparaît alors comme une barrière à l'entrée dans un emploi) et de "post-entry discrimination" (discrimination dans l'emploi où il peut apparaître des différences salariales entre travailleurs valides et handicapés).

1.1 – La discrimination hors emploi ou sur le marché du travail

Le handicap apparaît alors comme une barrière à l'entrée dans un emploi. On observe ainsi que deux sous marchés catégoriels coexistent (marché des travailleurs valides et marché des travailleurs handicapés), fonctionnant de façon asymétrique. Le marché des offreurs de travail handicapés répondrait à une préoccupation d'ajustement pour le système productif. Les travailleurs handicapés sont considérés comme moins "employables"[1] . Ils ne trouvent que difficilement un emploi en situation de récession et ont plus facilement accès à l'emploi que lorsque le marché des travailleurs valides est équilibré. Ainsi, pendant une période de croissance économique soutenue, ils peuvent espérer trouver un emploi dans de bonnes conditions. A l'opposé, en période de stagnation, voire de récession économique, les offreurs de travail handicapés se confrontent au marché du travail et subissent une augmentation du chômage. De plus, ils sont plus "vulnérables"[2] en période d'inversion de conjoncture, pouvant être les premiers à perdre leur emploi. Ils peuvent donc être soumis à un chômage récurrent.

La discrimination à l'entrée du marché peut être mis en place par les entrepreneurs du fait de leur pouvoir sur le marché du travail. Cette discrimination peut provenir également des autres salariés (valides) ou de leurs représentants (syndicats) pour au moins deux raisons, à savoir :

---

[1] L'employabilité d'un offreur de travail se définit comme la probabilité de trouver un emploi pendant une période donnée.

[2] La vulnérabilité se définit comme la probabilité de perdre un emploi pendant une période donnée.

- Premièrement, les travailleurs valides ne souhaitent pas collaborer avec des travailleurs handicapés, soit parce que qu'ils pensent qu'ils vont consacrer trop de temps, soit parce qu'ils ne savent pas aborder cette relation avec le travailleur handicapé.

- Deuxièmement, le travailleur valide peut se surestimer par rapport au travailleur handicapé et avoir l'impression que ce dernier diminue la productivité globale de l'activité. Le travailleur valide peut également se sentir moins protégé que le travailleur handicapé, notamment en conjoncture défavorable, et donc plus menacé par un licenciement.

P.B.. Doeringer et M.J.. Piore (1969) proposent une division du marché du travail en deux segments :

- Le marché primaire regroupe les emplois les mieux payés, les plus stables et donnant des perspectives de formation et de promotion. Les relations du travail y sont institutionnalisées et codifiées.

- Le marché secondaire se caractérise par les éléments inverses et les relations de travail sont plus personnalisées et soumises à un fort arbitraire. Ces conditions plus restrictives augmentent la rotation de la main-d'œuvre avec des passages plus fréquents sur le marché du travail. Cette population de travailleurs plus désavantagée permettra une meilleure adaptation du niveau d'emplois du secteur productif aux variations de la demande de produits.

Cette dualité du marché a été définie par la suite de façon plus fine (M. Reich, D.M. Gordon, R.C. Edwards, 1972). Le marché primaire est alors décomposé en segments supérieur et inférieur. Le segment supérieur ou indépendant du marché primaire est caractérisé par les éléments suivants : salaire élevé, statut social, reconnaissance et autonomie du salarié dans l'organisation ainsi que de fortes possibilités de promotion interne et de mobilité externe volontaire. La motivation et les bons résultats sont récompensés. Le segment inférieur ou subordonné rassemble des emplois routiniers encourageant les caractéristiques de dépendance, de discipline envers les règles et l'autorité ainsi que l'adhésion aux buts de la firme. Cependant, la relation de travail reste stable.

Schéma 6 : Segmentation du marché du travail

Demande de travail Offre de travail	Qualifié	Spécialisé
Qualifié Employé	Marché primaire interne	
Qualifié Non employé	Marché primaire externe	Marché secondaire (= sas)
Spécialisé Employé	Marché interne primaire	Marché secondaire interne
Spécialisé Non employé		Marché secondaire externe
Non qualifié Employé		Marché secondaire interne
Non qualifié Non employé	Chômage de longue durée	Chômage récurent et emploi précaire

Le marché secondaire peut être également décomposé en deux segments selon la précarité de la situation de l'offreur de travail. Le segment supérieur du marché secondaire rassemble les offreurs de travail frappés d'une précarisation « relative » de leur statut (CDD, Intérim, ...). Ils sont employables et vulnérables selon les renversements de conjoncture économique. Ils apparaissent comme un groupe dont la productivité est plus faible, moins essentiels pour l'entreprise qui ne les emploiera plus lors d'une réduction de son activité. Le segment inférieur est constitué des offreurs de travail fortement soumis à une précarisation « absolue » de leur statut sur le marché du travail. Ces offreurs sont peu employables et très vulnérables aux renversements de conjoncture.

En reprenant l'opposition entre offreurs de travail valides ou handicapés, il convient de souligner que les entreprises vont dissocier les deux groupes et qu'à l'intérieur du groupe « handicapés », elles peuvent différencier, dans leurs possibilités de recrutement, les handicapés physiques et les handicapés psychologiques et mentaux. Les firmes vont limiter les risques dans leurs embauches et, sans doute, favoriser l'emploi du premier groupe par rapport au deuxième (différences dans les taux d'emploi et de chômage des deux groupes).

En reprenant le modèle de E.S. Phelps (1972) où les entreprises fondent leurs décisions d'embauche à partir d'un indicateur de qualification, mesurant le « véritable » niveau de qualification de l'offreur de travail, il est possible de l'adapter pour comprendre la sélection des offreurs sur le marché du travail et donc les procédures de discrimination envers, notamment, les travailleurs handicapés à qui il est souvent accordé une productivité moindre.

L'indicateur de productivité (ou d'efficacité) de l'offreur de travail est obtenu à partir de la relation suivante :

$$e = q + \mu$$

Où q est le niveau de qualification ; distribué normalement, $E(q) = \alpha$ et $V(q) = k$, k constante

μ est l'erreur aléatoire, distribuée normalement, indépendant de q. $E(\mu) = 0$ et $V(\mu) = k_1$, k_1 constante

La première équation suppose que l'efficacité de l'offreur de travail est liée directement à son niveau de qualification (Cf. les théories du capital humain) et que cette efficacité peut être affectée par un facteur aléatoire, noté μ. La valeur de e donne aux employeurs une information sur q qui doit être estimée :

$$q^* = E(q / e) = (1 - \gamma).\alpha + \gamma.e$$

Où q^* est la valeur estimée de q

α est la valeur moyenne des qualifications pour un groupe d'offreurs de travail.

$\gamma = r^2$, coefficient de corrélation entre q et c, $(0 \prec \gamma \prec 1)$

q^* est exprimé en fonction d'un effet de groupe $[(1 - \gamma).\alpha]$ et d'un effet individuel $[\gamma.e]$. La valeur prévue du niveau de qualification peut être définie par une fonction linéaire de type :

$$q^* = (1 - \gamma).\alpha + \gamma.e + \mu$$

L'employeur peut donc mesurer le niveau de qualification des offreurs de travail à partir de l'efficacité des autres travailleurs.

En considérant qu'il existe deux groupes de travailleurs distincts sur le marché du travail, les valides et les handicapés, auxquels correspondent des qualifications moyennes respectives, notées α_V et α_H, ainsi que des variances de q et de μ différentes.

L'employeur est supposé rémunérer un travailleur en fonction de son niveau estimé de qualification d'après les informations relatives à l'individu ainsi qu'au groupe auquel il appartient, valide ou handicapé.

Ainsi, on peut écrire :

$$q_V^* = (1 - \gamma_V).\alpha_V + \gamma_V.e_V$$

$$q_H^* = (1 - \gamma_H).\alpha_H + \gamma_H.e_H$$

L'évaluation de q_i, connaissant e_i, est supposé être égale à la valeur attendue de q_i, ce qui suppose que chaque agent économique, demandeur et offreur de travail, a un comportement rationnel. Le salaire est à la hauteur de la productivité du travail. Si la firme s'écarte de ce comportement attendu, elle ne peut survivre face à la concurrence, étant sanctionnée par le marché.

Ce cadre théorique de fonctionnement des embauches, - où la valeur estimée de la qualification d'un individu, valide ou handicapé, dépend en partie de la qualification moyenne du groupe auquel il appartient -, implique que les moyennes de groupe soient estimées sans biais. Les entreprises ne peuvent pas a priori supposer que $\alpha_V \succ \alpha_H$, si les deux valeurs sont égales.

L'évaluation des capacités individuelles par référence à la moyenne du groupe conduit à une estimation biaisée de la qualification d'un offreur de travail. Ainsi, sont désavantagés les offreurs dont les capacités productives sont supérieures à la valeur moyenne du groupe puisque l'évaluation conduit à une sous-estimation de leur niveau de qualification et, donc d'efficacité. L'effet inverse se produit lorsque l'offreur a des capacités productives inférieures à la valeur moyenne du groupe.

Si l'entreprise part du principe qu'il y a un écart d'efficacité (capacités productives) entre les groupes de travailleurs, valides et handicapés, un comportement discriminatoire de la part de l'employeur peut intervenir lorsque des offreurs de travail, appartenant aux deux groupes, se retrouvent en concurrence sur le marché du travail.

Ainsi, un offreur de travail appartenant au groupe des travailleurs handicapés, ayant un niveau de qualification supérieur au niveau moyen de ce groupe, subira une sous-évaluation systématique de sa qualification même si ses capacités productives sont égales ou supérieures à celles d'un offreur de travail valide. Toutefois, par ce comportement discriminatoire, l'entreprise cherche à minimiser ses risques lors d'une embauche.

De la même façon, A.M. Spence (1973) intègre l'incertitude dans le processus de recrutement des entreprises. L'embauche ou non d'un offreur de travail repose sur un certain nombre de critères invariants (le handicap peut être un de ces indicateurs) et sur des "signaux comme le niveau de qualification atteint par l'offreur de travail. A partir de ces données, l'entreprise fait une estimation des capacités productives des différents offreurs de travail de façon à limiter les risques liés au recrutement. La hiérarchisation des données peut avoir des conséquences en termes de discrimination à l'entrée dans l'emploi.

1.2 - La discrimination dans l'emploi

Comme le fait J.F. Madden (1973), il est habituel de distinguer trois types de discrimination, à savoir :

- La discrimination salariale fait apparaître des différences de salaires qui ne sont pas basées sur des différences de productivité. En effet, la théorie du capital humain (G.S. Becker, 1964) montre le lien étroit entre le niveau de capital humain de l'offreur de travail et son niveau de rémunération. Ce lien repose sur trois relations, d'une part entre les connaissances pratiques et théoriques acquises et la qualification de l'individu ; d'autre part, entre la qualification et la productivité ou l'efficacité du travailleur ; et enfin, entre l'évolution de la productivité et celle des salaires. Ainsi, si deux travailleurs, valide et handicapé, ont le même niveau de qualification sans avoir la même efficacité, alors l'écart de salaire observé en faveur du valide n'est pas signe de discrimination ; l'écart de salaire vient juste compenser la différence de productivité. A l'opposé, la discrimination est constatée entre ces deux travailleurs s'ils ont les mêmes niveaux de qualification et d'efficacité et qu'un écart de salaire est observé. De plus, l'investissement en capital humain est moins rentable pour le travailleur handicapé que pour le valide, puisque le gain monétaire - contrepartie de l'investissement – est moins élevé. Cependant, l'investissement en capital humain peut apparaître comme une protection encore plus forte contre le chômage pour l'offreur de travail handicapé que pour le valide.

- La discrimination par fonction se manifeste lorsque des critères, autres que la productivité, déterminent l'utilisation du facteur travail dans un poste. L'analyse de K.J. Arrow (1973) montre que la discrimination peut autant venir de l'entrepreneur que des salariés entre eux. La discrimination ne dépend plus d'un indice de préférence subjective de l'employeur, mais se fait en fonction du rapport entre travailleurs non discriminés (valides) et travailleurs discriminés (handicapés) dans l'entreprise.

En remettant notamment en cause la convexité de la fonction de préférence de l'entrepreneur, il montre que la firme, guidée par l'objectif de maximisation du profit, a intérêt à n'employer que des travailleurs appartenant au groupe non discriminé (valides) ou que des membres du groupe discriminé (handicapés) et que toute composition intermédiaire est moins satisfaisante. De plus, si la firme obéit à une rationalité parfaite, les taux de salaire des deux groupes sont identiques, ce qui implique l'inexistence d'une quelconque discrimination salariale. Les offreurs de travail sont répartis, suivant leurs caractéristiques, dans des entreprises différentes. Ainsi, K.J. Arrow transforme la théorie de la discrimination en théorie de la ségrégation, en l'associant à une disparité dans le type d'emplois occupés ou le type d'entreprise.

- La discrimination cumulative dans le temps est multidimensionnelle (salaire, poste, formation, ascension professionnelle, ...). Si nous prenons le cadre de la théorie du capital humain, il est possible de justifier ce type de discrimination cumulative envers les offreurs de travail handicapés. Le fait d'avoir été discriminé à un moment donné – par rapport à un poste ou au délai d'entrée en emploi – fait que cet offreur de travail se retrouve dans un processus cumulatif. Une moindre expérience professionnelle ou une durée de chômage plus longue aboutit à un capital humain plus faible, à une moindre efficacité et, finalement à un salaire moins élevé que celui d'un travailleur non discriminé qui a eu un parcours professionnel plus linéaire.

L'inégalité des rémunérations correspond alors aux différences de capital humain dont l'acquisition a été moins rapide pour le travailleur handicapé qui a subi soit des difficultés d'insertion dans l'emploi, soit des va-et-vient récurrents entre emploi et chômage. Cette différence de salaires ne correspond pas à un processus de discrimination à un moment donné, mais résulte d'un long processus discriminant. Ce dernier freine la demande de formation du discriminé et son ascension professionnelle. Ces différentes analyses montrent la diversité des processus de sélection à l'entrée dans l'emploi, la diversité des possibilités de discrimination avant même l'emploi, mécanismes plutôt involontaires de la part des entreprises, mais aussi la grande diversité des situations des personnes handicapées sur le marché du travail.

Partant de cette analyse, il est possible, d'une part d'élaborer des modèles de gestion du travail handicapé par les entreprises, dans une économie salariale ou d'efficience et, d'autre part, d'apporter des recommandations en termes d'actions publiques.

§ 2 - Un modèle basé sur la différenciation salariale.

Il est possible d'adapter le modèle de discrimination de G.S. Becker (1971) afin de mettre en évidence une dualité dans la gestion par les employeurs des offreurs de travail valides et handicapés, en analysant les différences de rémunération et les écarts de productivité des deux catégories de travailleurs.

2.1 - Les hypothèses du modèle de différenciation.

Il est supposé que l'entrepreneur a une préférence pour la discrimination, mesurée par un coefficient de discrimination. Ainsi, il rémunère différemment deux types d'offreurs de travail en fonction d'un caractère spécifique. Bien que le modèle de Becker soit construit sur la discrimination raciale, il peut s'appliquer à d'autres domaines comme la discrimination entre offreurs de travail valide ou handicapé.

Il est alors possible d'imaginer, compte tenu des analyses de E.S. Phelps (1972) ou de A.M. Spence (1973) que l'entrepreneur intègre dans son calcul une différence de productivité entre les travailleurs valides et handicapés et, ainsi créé un écart de salaires entre ces deux catégories.

Il est donc supposé ci-dessous que l'entrepreneur applique au salaire versé aux travailleurs handicapés une décote, notée *d*, égale à l'écart anticipé de productivité entre travailleur valide et le travailleur handicapé dans le même poste. Si l'écart de salaire vient juste compenser l'écart de productivité entre les deux travailleurs, alors aucune discrimination salariale n'existe.

La fonction d'utilité de la firme et son profit à court terme sont définis comme suit :

$$U = \Pi - d.W_H.L_H)$$

$$\Pi = F(L_V + L_H) - W_V.L_V - W_H.L_H$$

où U désigne le niveau d'utilité,

Π le profit de la firme

W_i le salaire des deux types de travailleurs

L_i la quantité de travail employée par la firme.

F désigne une fonction de production à rendements décroissants :

$$F'(.) \geq 0, \; F''(.) \prec 0$$

Les deux types de travailleurs sont supposés substituables, impliquant que le niveau de production est fonction du niveau d'emploi total :

$$L = (L_V + L_H)$$

Sous ces conditions, l'entreprise a pour objectif de maximiser son niveau d'utilité donné par :

$$U = F(L_V + L_H) - W_V L_V - W_H.L_H - d.W_H.L_H$$

$$U = F(L_V + L_H) - W_V L_V - (1+d).W_H.L_H$$

Les dérivées partielles premières par rapport à L_V et L_H sont posées nulles :

$$\frac{\partial U}{\partial L_V} = F'(L_V) - W_V = 0$$

$$\frac{\partial U}{\partial L_H} = F'(L_H) - (1+d).W_H = 0$$

Le niveau de rétribution des personnes valides est tel que : $F'(L_V) = W_V$, La fonction de production étant concave, le niveau d'emploi est donné par $L_V = L_1(W_V)$, avec $L'_1(W_V) \prec 0$.

Graphique 7 : La demande de travail en fonction du coefficient de discrimination

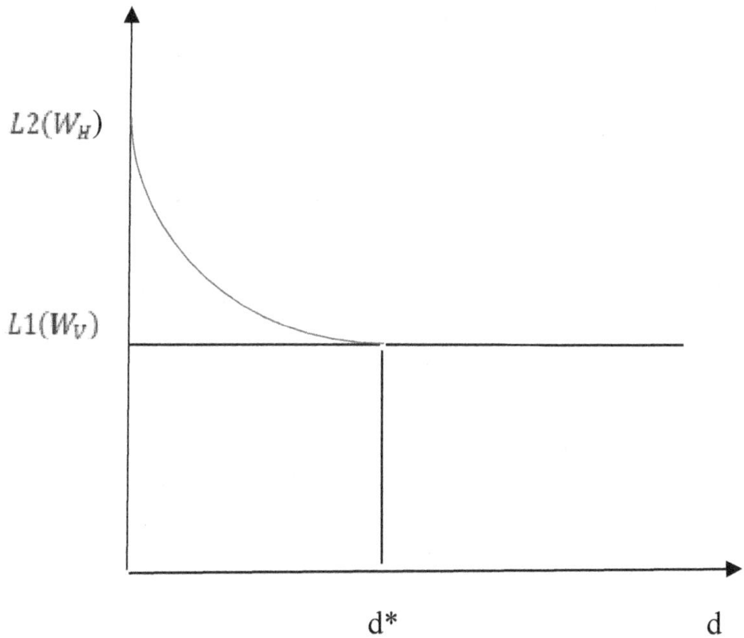

De la même façon, le niveau de rétribution des personnes handicapées est tel que : $F'(L_H)/(1+d) = W_H$, Le niveau d'emploi des personnes handicapées est alors : $L_H = L_2(W_H)$, avec $L'_2(W_H) \prec 0$.

À l'équilibre, $W_V = W_H.(1+d)$, il n'y a pas de comportement discriminatoire de la part de la firme envers les travailleurs handicapés puisque la différence de salaire vient compenser la différence de productivité entre les travailleurs valides et handicapés.

Le coefficient de décote est déduit ex post de la façon suivante :

$$d^* = \frac{W_V^* - W_H^*}{W_H^*}$$

Le coefficient est donc fonction croissante de l'évolution du salaire du groupe valide et décroissante de l'évolution du salaire du groupe handicapé.

2.2 - Les conséquences du modèle de discrimination.

Le phénomène discriminatoire apparaît lorsque l'égalité entre les salaires n'est pas réalisée. Deux situations peuvent être envisagées sur le marché du travail.

Si $W_V \succ W_H.(1+d)$, la rémunération des travailleurs handicapés est plus faible que celle des valides au-delà même de la décote, provenant de l'écart de productivité, la firme embauche logiquement des travailleurs handicapés, induisant une augmentation de son profit. Mais cette situation n'est que temporelle car l'augmentation des embauches des travailleurs handicapés aura pour conséquence une augmentation de leurs salaires à l'entrée, entraînant un retour à l'équilibre entre les deux salaires.

Dans ces conditions, si l'embauche effective concerne les travailleurs valides, alors il convient de constater que :

- d'une part, une discrimination à l'embauche existe au détriment des personnes handicapées (Cf. B. Chiplin, P.J. Sloane, 1974) et,

- d'autre part, l'entrepreneur préfère se priver d'une augmentation de son profit que d'employer des travailleurs handicapés.

Ainsi, l'équilibre ne sera jamais réalisé et la discrimination entre les deux groupes devient durable.

Si $W_V \prec W_H.(1+d)$, la rémunération des travailleurs handicapés est plus forte que celle des valides au-delà même de la décote, provenant de l'écart de productivité.

L'embauche ne concerne que des travailleurs valides. Sur un marché concurrentiel, le salaire des travailleurs valides devrait s'élever et celui des travailleurs handicapés fléchir de façon à revenir à l'équilibre.

Or, si nous supposons que la firme à un comportement discriminatoire à l'embauche, le rééquilibrage des salaires ne peut s'effectuer. Dans de telles conditions, deux actions étatiques peuvent être envisagées, à savoir :

- soit l'État considère que ces écarts salariaux correspondent effectivement à des comportements discriminants de la part des entreprises ; il lutte contre ce phénomène en légiférant, de façon à limiter, voire à supprimer, toute discrimination envers les personnes handicapées.

- soit l'État reconnait ces écarts salariaux, mais les considèrent comme correspondant à une appréciation difficile des écarts de productivité entre les deux groupes de travailleurs ou limitant l'incertitude liée au recrutement, il se doit alors de stimuler l'embauche des travailleurs handicapés par des mesures permettant d'alléger le coût du travail des personnes handicapées (subvention à l'embauche, transfert direct au salarié, ...).

2.3 – L'alternative subvention / transfert.

L'État, pour faciliter l'embauche de travailleurs handicapés peut soit subventionner l'entreprise qui les emploie, soit leur accorder directement un transfert (allocation) qui viendrait compenser le plus faible salaire.

Dans le cas d'une subvention salariale versée à l'entreprise, de montant nominal noté S, le modèle devient:

$$U = F(L_V + L_H) - W_V L_V - (1+d).[W_H - S].L_H$$

En posant l'égalité des productivités marginales des deux types de travailleurs, les salaires des deux groupes sont « normalement » égaux. Si les pouvoirs publics accordent une subvention, allégeant le coût du travail des handicapés, il ressort que :

$$W_V = [W_H - S].(1+d)$$

Ainsi, on obtient :

$$S = W_H - \frac{W_V}{(1+d)} \qquad \text{et} \qquad d = \frac{W_V}{W_H - S} - 1$$

A l'équilibre la subvention est nulle puisque $W_V = W_H.(1+d)$. L'absence de comportement discriminatoire de la part de l'employeur ne nécessite pas de versement de subvention de la part de l'État. A contrario, si $W_V \neq W_H.(1+d)$, la subvention doit être égale au différentiel de salaires entre les groupes. La subvention est fonction croissante du salaire du groupe valide et décroissante du salaire du groupe handicapé. Le coefficient d est fonction croissante de l'évolution du salaire du groupe valide et du niveau de la subvention, et fonction décroissante de l'évolution du salaire du groupe handicapé.

Le problème est alors de définir le niveau optimal de la subvention. Or, ce niveau doit tenir compte de toute une série d'arguments dont l'écart effectif de productivité, l'écart de coût d'intégration, les rapports des taux d'activité ou des taux de chômage entre handicapés et valides :

$$S^* = s\left[(P_V - P_H), (C_H - \bar{C}), Ta_H / Ta_V, TCHO_H / TCHO_V, ... \right]$$

Par exemple, si la subvention est trop faible compte tenu des écarts de productivité ou du coût d'intégration entre les deux groupes, les employeurs vont avoir tendance à employer de façon prioritaire les valides. Les offreurs de travail handicapés ont alors peu d'opportunités de trouver un emploi et se comporter comme des chômeurs désespérés en sortant du marché du travail et basculer ainsi dans l'inactivité. Mais, une subvention trop forte aurait pour conséquence d'inciter les employeurs à substituer des travailleurs valides par des travailleurs handicapés. Le marché du travail ferait apparaître un taux de chômage des offreurs de travail handicapés inférieur à celui des valides.

Le problème essentiel restant à la base du principe de subvention est l'évaluation de la compensation de la plus faible productivité des travailleurs handicapés. La productivité étant très difficile à évaluer ex ante par les employeurs lors d'une embauche, ils vont se référer à une productivité moyenne du groupe auquel appartient l'offreur de travail (E.S. Phelps, 1972). Dans ce cas, ils peuvent avoir une estimation biaisée de l'efficacité du travailleur. Ainsi toute personne, dont les capacités sont inférieures à la moyenne du groupe, bénéficie d'une surestimation de sa qualification et de sa rémunération.

Elle devient une personne trop coûteuse après son recrutement, pouvant ainsi entraîner ultérieurement son licenciement et être à l'origine de difficultés de réinsertion, ou favorisée par rapport aux salariés valides et handicapés ayant une plus forte productivité mais, rémunérés de manière identique.

En simplifiant le problème et en ne retenant qu'un déterminant de la subvention, c'est-à-dire l'écart de coût entre l'intégration d'un travailleur handicapé et l'intégration d'un travailleur valide, le modèle devient :

$$U = F(L_V + L_H) - W_V L_V - (1+d).[W_H - S].L_H - (C_H - \bar{C}).L_H$$

Avec C_H le coût d'intégration des travailleurs handicapés,

et $\bar{C}$ le coût d'intégration des travailleurs valides.

Il en ressort que :

$$W_V = [W_H - S].(1+d) + (C_H - \bar{C})$$

$$W_H = \frac{F'(L_H) - (C_H - \bar{C})}{(1+d)} + S$$

La rémunération des travailleurs handicapés dépend positivement de leur productivité et négativement du différentiel de coût d'insertion entre les travailleurs handicapés et valides. Bien-sûr, plus le coefficient de décote est élevé et plus le salaire est faible. La subvention accordée à l'entreprise augmente le salaire, indépendamment des autres variables.

Dans le cas d'un transfert, l'État peut compenser financièrement la moindre rémunération d'un salarié handicapé, due à une moindre productivité, en partant de l'hypothèse que le travailleur handicapé a les mêmes besoins que les autres travailleurs. L'administration publique verse au travailleur handicapé une allocation de montant *t*. Ainsi, le modèle devient :

$$U = F(L_V + L_H) - W_V L_V - (1+d).W_H.L_H + t.L_H$$

Il en ressort que :

$$W_V = (1+d).W_H + t$$

et,

$$d = \frac{W_V - t}{W_H} - 1 \qquad \text{et} \qquad t = W_V - W_H.(1+d)$$

À l'équilibre, le transfert est nul. À contrario, le transfert est égal à l'écart de salaires entre les deux groupes. La rémunération des travailleurs handicapés dépend positivement de celle des travailleurs valides (effet d'entraînement entre les salaires). Bien-sûr, plus le coefficient de décote est élevé et, plus le salaire des travailleurs handicapés est faible. Le transfert des pouvoirs publics au travailleur handicapé freine son salaire, indépendamment des autres variables. Si la solution est plus difficile à définir puisqu'il faut déterminer à la fois le niveau optimal de compensation salarial et le niveau optimal de transfert de façon à ne pas créer de discrimination entre les travailleurs.

Cependant, même si le coût est identique pour l'État et que la rémunération du travailleur handicapé est égale dans les deux cas, la solution donne beaucoup plus de facilités à l'entreprise d'embaucher des travailleurs pouvant avoir un handicap important (le taux de compensation étant plus élevé). Il n'en reste pas moins qu'il existe une discrimination positive entre les travailleurs handicapés si l'employeur se réfère à une qualification moyenne. Pour pallier ce problème, seule une définition précise du handicap, de ses conséquences en termes de productivité et de coûts, ... peut éliminer partiellement ou totalement ce phénomène discriminatoire. Ainsi, la définition d'une structure de taux de compensation, de subventions et de transferts, peut permettre un traitement équitable entre les travailleurs.

2.4 – L'analyse de la discrimination positive.

M.S. Golberg (1982) reprend le modèle de Becker pour y introduire non pas un comportement discriminant de la part de l'entrepreneur, mais un comportement visant à favoriser un groupe de salariés par rapport à un autre groupe – théorie du népotisme-.

Les fonctions d'utilité et de profit deviennent :

$$U = \Pi + d.W_H.L_H$$

$$\Pi = F(L_V + L_H) - W_V.L_V - W_H.L_H$$

où U désigne le niveau d'utilité,

Π le profit de la firme

W_i le salaire des deux types de travailleurs

L_i la quantité de travail employée par la firme.

$$U = F(L_V + L_H) - (1-d).W_V L_V - W_H.L_H$$

Les dérivées partielles premières par rapport à L_V et L_H sont posées nulles :

$$\frac{\partial U}{\partial L_V} = F'(L_V) - (1-d).W_V = 0 \Rightarrow F'(L_V)/(1-d) = W_V$$

$$\frac{\partial U}{\partial L_H} = F'(L_H) - W_H = 0 \Rightarrow F'(L_H) = W_H$$

Où $d(d \geq 0)$ est le coefficient de népotisme, mesurant le taux marginal de substitution entre le profit et l'emploi de main-d'œuvre favorisée. On remarque que les travailleurs handicapés sont rémunérés à leur productivité marginale (donc non discriminés) alors que les travailleurs valides perçoivent une sur-rémunération (une rente) qui correspond à une discrimination positive.

La firme agit en intégrant cette différence de rémunération :

$$W_V^*.(1-d^*) = W_H^* \quad \text{ou} \quad d^* = 1 - W_H^* / W_V^*$$

Si la valeur d est différente de d*, alors l'écart a des implications sur le profit de l'entreprise et sur le partage du niveau d'emploi entre les deux catégories de travailleurs.

Si $d \succ d^*$, le salaire des travailleurs valides est supérieur au salaire des travailleurs handicapés, mais l'écart entre les deux est plus faible que l'écart issu du fonctionnement du marché. La firme n'emploie que des travailleurs valides. Le niveau d'emploi de ceux-ci est défini par :

$$L_V = L(W_V.(1-d)) \quad \text{avec } L_V^{'} \prec 0$$

$$\Pi_V = F(L_V) - W_V.L_V$$

Ainsi l'utilité tirée par l'entreprise issue de ce comportement favorisant un groupe (travailleurs valides) peut s'exprimer ainsi :

$$U = F(L_V) - (1-d).W_V.L_V$$

Où $L_V = L(W_V.(1-d))$

C'est-à-dire :

$$U_V = U((1-d).W_V)$$

À l'opposé, si $d \prec d^*$, le salaire des travailleurs valides reste supérieur au salaire des travailleurs handicapés (payés à leur productivité marginale), mais l'écart des salaires entre les deux groupes est tel que l'entrepreneur, devant subir un surcoût pour employer des travailleurs valides, n'emploiera que des travailleurs handicapés :

$$L_H = L(W_H) \quad \text{avec} \quad L_H^{'} \prec 0$$

Le profit, égal à l'utilité (l'utilité procurée par le népotisme est alors nulle) devient alors :

$$\Pi_H = F(LH) - W_H.L_H = U_H$$

Compte tenu de ces remarques, il est alors possible de représenter graphiquement les fonctions de profit et d'utilité (Cf. Tableau 8).

Au-delà de *d**, on observe une relation inverse entre les niveaux de profit et d'utilité. Ainsi, les firmes, ayant un coefficient de népotisme élevé, préfèrent embaucher des travailleurs valides à un salaire élevé plutôt que des travailleurs handicapés à une rémunération plus faible. Leur niveau d'utilité s'élève avec d, mais elles acceptent une diminution de leur profit. La baisse de profit est donc la contrepartie du népotisme de la firme.

Si on ajoute un différentiel de coût d'intégration entre les deux catégories de travailleurs, valides et handicapés, le modèle devient :

Tableau 8 : Utilité et profit dans un modèle népotique

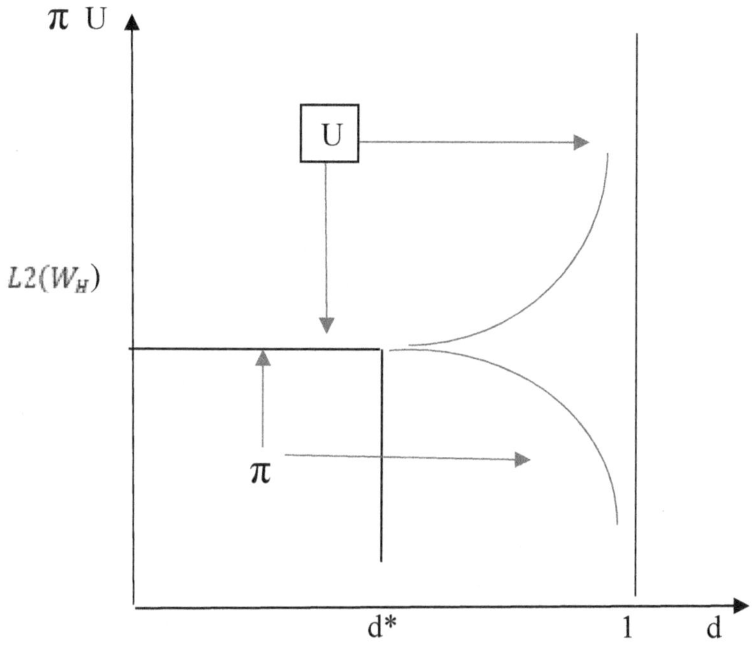

$$U = F(L_V + L_H) - (1-d).W_V L_V - W_H.L_H - (C_H - \bar{C}).L_H$$

$$\frac{\partial U}{\partial L_V} = F'(L_V) - (1-d).W_V = 0 \Rightarrow F'(L_V)/(1-d) = W_V$$

$$\frac{\partial U}{\partial L_H} = F'(L_H) - W_H - (C_H - \bar{C}) = 0 \Rightarrow F'(L_H) - (C_H - \bar{C}) = W_H$$

Ainsi, il en ressort que :

$$W_V = {F'(L_V)}\big/{(1-d)} \quad \text{et} \quad F'(L_V) - (C_H - \bar{C}) = W_H$$

d étant positif, les travailleurs valides sont payés au-delà de leur productivité marginale. Si les travailleurs ont la même productivité, alors :

$$W_V.(1-d)-(C_H-\bar{C})=W_H$$

Le salaire des travailleurs handicapés est une proportion du salaire des travailleurs valides à laquelle il est ôté le surcoût d'intégration lié au handicap. L'écart de coût d'intégration est ainsi déduit de la productivité marginale pour définir la rétribution du travailleur handicapé. Ce dernier doit donc « payer » une prime pour travailler.

§ 3 - L'arbitrage à l'emploi dans un modèle d'efficience.

L'approche en termes de salaire d'efficience postule qu'il existe une relation croissante entre salaire et efficience productive individuelle résultant de comportements stratégiques des différents agents. Deux types de modèles, sociologique ou économique, sont différenciés.

3.1 – Les modèles du salaire d'efficience

L'analyse sociologique présenté par G. Akerlof (1984) suppose que l'efficacité productive d'un travailleur est liée au sentiment de reconnaissance par l'entreprise, de l'utilité et de l'importance du salarié dans l'organisation. Si le travailleur se sent en sécurité et s'il se réalise dans son emploi, alors il sera incité à fournir un effort supplémentaire par rapport au niveau moyen exigé par la firme en contrepartie d'une rétribution supérieure.

La démarche d'Akerlof repose sur le fait que la répartition des salariés en deux groupes "les bons" et "les mauvais" est définie ex ante par les comportements de valorisation ou non de leurs efforts. L'efficacité moyenne qui détermine la ligne de distinction entre les deux groupes, sert de référence à la firme pour fixer des normes minimales d'efforts exigées pour chaque groupe. Le salaire est alors incitatif à l'effort productif des salariés qui s'établit au-dessus des normes minimales.

La solution dépend de la forme des fonctions d'efficacité et de production. L'équilibre existe lorsque la firme fixe des normes de productivité inférieures au niveau réel d'effort fourni par les travailleurs.

Toutefois, la fonction d'effort est essentiellement liée à leurs préférences personnelles. Or, si l'employeur peut présumer du processus d'ajustement du niveau d'effort de ses employés aux salaires qu'ils perçoivent, il ne peut pas déterminer la relation exacte entre ces deux valeurs puisque la fonction d'utilité de chaque groupe de salariés est complètement ignorée par l'employeur.

Or, si les travailleurs valides ne ressentent pas autant l'utilité d'accroître leur effort au travail que les travailleurs handicapés qui lient leur effort productif à leur statut plus précaire dans l'entreprise, alors il est possible de constater une discrimination salariale entre les deux catégories de travailleurs ou, du moins, entre des travailleurs de chacun des groupes, au détriment des travailleurs handicapés. En fait, sans moyen de quantifier l'effort fourni par le travailleur, l'employeur perçoit la variation de l'effort en fonction du niveau de salaire versé (don contre don).

Quant aux modèles économiques du salaire d'efficience, ils repartent de l'analyse développée, dans le cadre des pays en développement par J. Leibenstein (1957). Ce dernier a montré que l'élévation du salaire au-dessus du strict minimum vital concourt à une amélioration de l'alimentation du travailleur et, par conséquent, à un accroissement de sa productivité.

Les différentes approches économiques mettent en évidence différents comportements, à savoir :

- S'il est difficile pour l'employeur d'évaluer la productivité ou la performance de chacun de ses salariés (C. Shapiro, J. Stiglitz (1982), la crainte pour ces derniers d'être licenciés, entretenue par l'entreprise, doit les dissuader d'avoir un comportement productif moins efficient que ne le laisserait présager le salaire versé. Mais, si l'aspect incitatif du salaire est fort, chaque firme aura tout intérêt à élever le niveau de ses salaires pour attirer les offreurs de travail les plus performants, entraînant un accroissement des salaires dans l'économie. Les travailleurs perçoivent donc des salaires plus élevés permettant d'accéder à des niveaux d'utilité totale supérieurs par desserrement de la contrainte financière. Pour les employeurs, le chômage engendré par des salaires élevés constitue le facteur de dissuasion (perte de rente).

- Même si l'efficacité des travailleurs est variable pour un même niveau de qualification (A. Weiss, 1980), l'efficacité attendue est corrélée au salaire de réservation de l'individu. Ainsi, les entreprises offrent des salaires plus élevés dans le but d'attirer les candidats les plus efficaces.

Un tel comportement de l'employeur induit trois conséquences : d'une part, il n'emploie un salarié que par rapport au signal qu'il donne de son efficacité (acceptation ou non d'un salaire inférieur) ; d'autre part, il ne réduira pas les salaires offerts même en situation de tensions sur le marché du travail de peur de perdre ses employés les plus performants ; enfin, si une conjoncture favorable le pousse à accroître les salaires, une conjoncture défavorable l'incite à licencier le personnel le moins efficace. Ces trois éléments peuvent apparaître comme des barrières à l'embauche des travailleurs handicapés (signal d'efficacité et hauts salaires) ou comme un critère de sélection face aux réductions d'effectifs.

- Le coût d'intégration du salarié est un investissement pour l'entreprise qui doit être amorti. Or, l'amortissement de cette charge suppose une faible rotation des salariés qui ne seront retenus dans l'entreprise que par des rémunérations incitatives. De la même façon, plus le coût d'intégration est élevé et plus la période d'amortissement sera longue.

S'instaure ainsi une double relation entre le salaire et l'efficacité du travailleur d'une part, et le salaire et le coût d'intégration du travailleur handicapé d'autre part. La deuxième relation peut être affectée par la conjoncture introduisant une instabilité dans le contrat de travail. Enfin, dans ces conditions, des salaires élevés conduisent à un rationnement de la demande de travail et à l'apparition d'un chômage de type classique qui freine plus fortement l'emploi des travailleurs handicapés, soumis à un taux de chômage plus élevés que les autres travailleurs.

- La réciprocité de l'échange entre l'employeur (salaire versé supérieur à celui du marché walrassien) et l'employé (dépassement des normes de productivité prédéterminées). « Le contrat de travail est, en effet, considéré comme un échange partiel de dons réciproques » (B. Reynaud, 1987).

Mais dans ce cadre d'analyse, l'effort reste une variable difficilement mesurable puisque dépendante d'un ensemble d'éléments (l'activité, l'intensité d'exécution la qualité et le schéma temporel de l'activité (H. Leibenstein, 1978). Ainsi, l'écart, entre les niveaux d'efforts optimaux du point de vue de la firme et les niveaux observés d'effort fournis par les individus, détermine le degré de X-inefficience de l'entreprise (H Leibenstein, 1980), montrant qu'elle produit en dessous de ses capacités, ce qui se traduit par un rationnement des quantités échangées sur les marchés, notamment du travail et des produits.

Ainsi, les théories du salaire d'efficience rendent compte des différences établies volontairement par les employeurs entre deux groupes de travailleurs. Les différences anticipées entre les productivités individuelles expliquent les écarts de salaires à l'embauche et pendant leurs carrières professionnelles, des écarts également entre les taux de chômage associés aux deux groupes d'offreurs de travail. Ainsi, l'employeur recrute des offreurs qui laissent apparaître la meilleure adéquation entre efficacité et salaire. A contrario, il licencie les travailleurs dont l'efficacité attendue est supérieure à l'efficacité effective. Il en résulte qu'une discrimination entre les employés nait en fonction du statut de ceux-ci par rapport à la conjoncture. Les travailleurs qui apparaissent comme moins efficaces, sont alors plus touchés par les variations conjoncturelles d'activité (travailleurs plus vulnérables et moins employables).

3.2 - Un modèle de salaire d'efficience fondé sur la dualité du marché du travail.

En intégrant l'hypothèse de dualité du marché du travail dans un modèle d'efficience, il s'ensuit que la quantité de production, associée à des salaires W_V et W_H ainsi que des quantités de travail L_V et L_H, est déterminée par :

$$q = F[L_V.e(W_V), L_H.e(W_H)]$$

Avec $F'(.) \succ 0$ et $F''(.) \leq 0$

$e(W.)$ désigne la productivité d'un salarié, $e'(W.) \succ 0$

Le problème de maximisation du profit par les firmes s'écrit :

$$\text{Max } U = F[L_V.e(W_V), L_H.e(W_H)] - W_V.L_V - (1+d).W_H.L_H$$

Sous $W_V \geq w_0$, $W_H \geq w_0$

$L_V \geq 0$, $L_H \geq 0$ et $L_V + L_H = L \leq N$

w_0 désigne le salaire de réservation supposé identique pour les deux groupes de travailleurs et N : la population active totale du bassin d'emploi.

Les solutions du problème de maximisation sous contrainte s'obtiennent à partir des dérivées partielles par rapport aux différentes variables W_V, W_H, L_V, L_H :

$$L_V.e'(W_V).F_1'(.) - L_V = 0$$

$$L_H.e'(W_H).F_2'(.) - (1+d).L_H = 0 \quad \text{avec } W_. \geq w_0$$

$$e(W_V).F_1'(.) - W_V = 0$$

$$e(W_H).F_2'(.) - (1+d).W_H = 0 \quad \text{avec } L_. \geq 0$$

Des deux premières équations, il en résulte que :

$e'(W_v).F_1'(.) = 1$ ou : $F_1'(.) = 1/e'(W_V)$

$e'(W_H).F_2'(.) = (1+d)$ ou : $F_2'(.) = (1+d)/e'(W_H)$

Il est ainsi déduit que le produit de l'effort marginal et de la productivité marginale pour le groupe de travailleurs valides est égal à l'unité à l'optimum de la firme.

Des deux autres dérivées, il ressort que :

$$F_1'(.) = W_V / e(W_V)$$

$$F_2'(.) = (1+d).W_H / e(W_H)$$

En combinant ces deux résultats, on en déduit les égalités suivantes :

$$W_V^* = e(W_V^*) \Big/ e'(W_V^*) = e(W_V^*).F_1'(.)$$

$$W_H^* = e(W_H^*) \Big/ e'(W_H^*) = e(W_H^*).F_2'(.)$$

Il en ressort que le salaire optimal pour les travailleurs handicapés est indépendant du salaire optimal des valides. S'il y a discrimination entre les deux groupes, elle ne résulte pas d'une volonté ex ante de l'entreprise, mais peut s'apprécier ex post à partir des écarts perçus entre les salaires optimaux attachés à chaque groupe de travailleurs, suite à une mauvaise estimation de la productivité moyenne des deux groupes.

La valeur optimale de la décote de salaire appliquée aux travailleurs handicapés est donnée par :

$$d^* = e'(W_H^*).F_2'(.) \Big/ e'(W_V^*).F_1'(.)$$

Ou encore :

$$d^* = \frac{e(W_H) \big/ W_H \, .F_2'(.)}{e(W_V) \big/ W_V \, .F_1'(.)}$$

La décote affectant le salaire des handicapés est le rapport du produit de l'effort marginal et de la productivité marginale de chaque groupe de travailleurs valides et handicapés.

3.3 - Salaire d'efficience, surcoût d'intégration et stabilité des effectifs.

Le recrutement des travailleurs étant fait à partir de signaux réciproques que se lancent employeurs et employés, tous deux vont rechercher un emploi présentant la plus grande stabilité. Or cette stabilité est liée à des conditions :

- Le salaire versé par la firme est supérieur à celui offert par les autres firmes sur le marché du travail. Dans le cas contraire, les salariés sont incités à prospecter le marché pour trouver un nouvel emploi à des conditions plus favorables (D.T. Mortensen (1977), K. Burdette, D.T. Mortensen (1978)). En intégrant cette condition dans le modèle d'efficience, on peut écrire quel que soit le type de travailleur valide ou handicapé, que le taux de départ est lié au différentiel entre la rétribution offerte par la firme et celle constatée sur le marché :

$$R = R(W - W^*) \quad \text{avec} \quad R'0 \quad R''0$$

Le salaire W^* est un salaire d'efficience puisqu'il minimise le coût total par unité de travail.

- Il existe un coût fixe lié à l'intégration d'un individu dans le processus de production qui vient grever la valeur de la productivité individuelle (R. Arnott et alii, 1983). La nécessité pour l'entreprise d'amortir cet investissement dans le temps renforce la recherche d'une certaine stabilité du travail. Cependant, ce coût existe pour chaque travailleur, quel que soit le groupe. Mais, un surcout d'intégration du travailleur handicapé est lié au coût d'adaptation du processus de production au handicap. Seul, ce surcout différentiel et proportionnel au handicap, définissant le partage entre les deux types de travailleurs, est pris en compte dans le modèle, de la façon suivante :

$C = C(I - I_H)$ avec $C' \geq 0 \quad C'' \leq 0$

Le programme d'optimisation sous contrainte détermine le couple emploi / salaire qui maximise l'utilité de l'entreprise à court terme :

Max $U = F[L_V.e(W_V), L_H.e(W_H)] - W_V.L_V - (1+d).W_H.L_H$

$$- R(W_{.} - W_{.}^{*}).C(I - I_H).L_H$$

Sous $W_V \geq w_0$, $W_H \geq w_0$

$$L_V \geq 0 \ , \ L_H \geq 0 \text{ et } L_V + L_H = L \leq N$$

Les conditions de premier ordre par rapport à W_H et L_H sont :

$$L_H.e'(W_H).F_2'(.) - (1+d).L_H - R_2'(.).C(I - I_H).L_H = 0$$

$$e(W_H).F_2'(.)_V - (1+d).W_H - R'(W_{i.} - W_{.}^{*}).C(I - I_H).L_H = 0$$

Il en ressort que :

$$W_H = \frac{e(W_H).F_2'(.) - R'(W_{i.} - W_{.}^{*}).C(I - I_H).L_H}{(1+d)}$$

$W_H \geq 0$

Les travailleurs handicapés sont donc payés en dessous du produit de l'effort et de leur productivité marginale, permettant ainsi aux employeurs de compenser leur coût d'intégration. Ils acceptent donc de verser une « prime à l'emploi » à chaque période dans le but de leur intégration et de leur maintien dans l'organisation, d'autant plus que leurs possibilités de sortie vont en diminuant. Dans le même temps, les entreprises qui emploient des travailleurs handicapés vont avoir le même objectif de façon à amortir l'investissement. Ainsi, plus la période contractuelle sera longue, moins la prime versée par le travailleur sera importante et plus la probabilité d'amortissement du coût d'intégration du travailleur par l'entreprise sera élevée.

Quelques remarques complémentaires peuvent être apportées :

- L'emploi des travailleurs handicapés est fortement soumis à la conjoncture économique. Dans une période de croissance économique, la stabilité de l'emploi des travailleurs handicapés est assurée, ils pâtiront moins des freins à l'embauche. A l'opposé, dans une conjoncture instable, les employeurs vont retarder, le plus possible, l'embauche de ces travailleurs de façon à limiter les coûts.

- Les pouvoirs publics peuvent jouer un rôle fondamental dans l'intégration des travailleurs handicapés en subventionnant leur surcoût d'installation dans l'entreprise. La subvention réduit à la fois le frein à l'embauche en limitant, voir annulant, le délai d'amortissement de l'investissement et l'impact négatif sur le salaire versé au travailleur handicapé.

$$C = C(I - (I_H - S))$$

Si compense le coût d'intégration, le surcoût est alors nul

- Enfin, l'emploi étant fonction inverse des salaires versés, l'emploi des travailleurs handicapés est également fonction inverse du coût d'adaptation du poste. Ce fait montre également la nécessité de la prise en charge par les pouvoirs publics, à travers leur politique d'emploi, du surcoût pour l'entreprise lié à l'intégration des travailleurs handicapés.

Il peut apparaître ainsi qu'en conjoncture défavorable, les travailleurs handicapés vont bénéficier d'une discrimination positive, lorsque le surcoût d'installation est totalement compensé par une subvention, puisque les entreprises n'ont aucun intérêt à les licencier. D'où la question du degré optimal de subvention du surcoût lié à un emploi handicapé ?

3.4 - Salaire d'efficience, pénalités et stabilité des effectifs.

Une relation de pénalisation de l'entreprise, qui n'emploie pas le quota légal de handicapés, est introduite dans le modèle de maximisation du profit. Cette pénalisation peut être soit proportionnelle, soit progressive en fonction de la masse salariale économisée du fait d'un sous-emploi de travailleurs handicapés.

Dans le cas d'une pénalisation proportionnelle, on pose:

$$T = t.(\bar{L} - L_H).W_H$$

où t est le taux de pénalisation et T le niveau de pénalisation

$\bar{L}$ est la quantité de travailleurs handicapés imposée par la loi. Elle est égale au produit de la proportion contrainte de travailleurs handicapés, notée P_H, et de la quantité de travail utilisée par la firme, notée L :

$$\bar{L} = P_H.L$$

Dans le cas d'une pénalisation progressive, on pose :

$$T = \theta[t.(\bar{L} - L_H).W_H]$$

Avec $\theta_1^{'} \geq 0$ et $\theta_1^{''} \leq 0$

$\theta_2^{'} \geq 0$ et $\theta_2^{''} \geq 0$

$\theta_3^{'} \geq 0$ et $\theta_3^{''} = 0$

Dans le cas d'une pénalisation proportionnelle, le programme d'optimisation sous contrainte détermine les valeurs optimales des niveaux de salaire, d'emploi et de pénalisation qui maximisent l'utilité de l'entreprise à court terme :

$$\text{Max}\, U = F[L_V.e(W_V), L_H.e(W_H)] - W_V.L_V - (1+d).W_H.L_H$$

$$- R(W_. - W^*_.).C(I - I_H).L_H - t.(\bar{L} - L_H).W_H$$

Sous $W_V \geq w_0$, $W_H \geq w_0$

$L_V \geq 0$, $L_H \geq 0$ et $L_V + L_H = L \leq N$

Les conditions de premier ordre par rapport à W_H et L_H sont :

$$L_H.e'(W_H).F_2'(.) - (1+d).L_H - R_2'(.).C(I - I_H).L_H - t.(\bar{L} - L_H) = 0$$

$$e(W_H).F_2'(.)_V - (1+d).W_H - R'(W_{i.} - W_.^*).C(I - I_H).L_H + t.W_H = 0$$

Il en ressort que :

$$t^* = \frac{L_H}{\left[\bar{L} - L_H\right]}[e'(W_H).F_2'(.) - (1+d) - R_2'(.).C(I - I_H) - 1$$

Trois résultats sont à noter :

- Le taux de pénalisation de la firme dépend du rapport entre les quantités de travailleurs handicapés employés et non employés par rapport à la norme dans l'entreprise. Ainsi, si l'entreprise augmente d'une unité le nombre de travailleurs handicapés, le taux de pénalisation baisse d'un point.

- Le taux de pénalisation est fonction croissante du produit de l'effort marginal et de la productivité marginale des travailleurs handicapés employés dans l'entreprise. Ce résultat est intéressant car si le produit est élevé, il est difficile pour l'entreprise de justifier le fait d'employer un nombre insuffisant de travailleurs handicapés par rapport au quota. Le non respect de la loi doit être sanctionné puisqu'il correspondrait à une discrimination des travailleurs handicapés par rapport aux valides.

- Le taux de pénalisation est, en revanche, fonction inverse du surcout lié à l'intégration des travailleurs handicapés, ce qui inciterait l'entreprise à investir davantage dans l'adaptation du processus de production au handicap du travailleur.

$$W_H = \frac{e(W_H).F_2'(.) - R'(W_i - W_.^*).C(I - I_H).L_H}{(1+d)}$$

$$W_H \geq 0$$

Le salaire d'efficience des travailleurs handicapés est fonction croissante du produit de l'effort marginal et de la productivité marginale de cette catégorie de travailleurs et fonction décroissante du surcoût d'intégration des travailleurs handicapés. De même, plus la rotation des travailleurs handicapés est forte, plus le salaire versé est faible. Ces deux éléments rigidifient donc la relation contractuelle entre les employeurs et les travailleurs handicapés.

Cependant, plus le taux de pénalisation est élevé et plus les salaires versés sont élevés. L'entreprise préfère donc employer moins de handicapés que ne l'impose la loi, même si elle doit payer de lourdes pénalités. En contrepartie, les travailleurs handicapés employés sont efficaces et donc bien rémunérés.

Le système de pénalités n'affecte donc pas les salaires de ce groupe de travailleurs, mais ils pâtissent d'une discrimination à l'entrée. Plus le handicap est lourd et plus faible sera la probabilité d'être employé.

Dans le cas d'une pénalisation progressive, le programme d'optimisation devient :

$$\text{Max}\, U = F[L_V.e(W_V), L_H.e(W_H)] - W_V.L_V - (1+d).W_H.L_H]$$

$$- R(W_. - W_.^*).C(I - I_H).L_H - \theta[t.(\bar{L} - L_H).W_H$$

Sous $W_V \geq w_0$, $W_H \geq w_0$

$L_V \geq 0$, $L_H \geq 0$ et $L_V + L_H = L \leq N$

Les conditions de premier ordre par rapport à W_H et L_H sont :

$$L_H.e'(W_H).F_2'(.) - (1+d).L_H - R_2'(.).C(I - I_H).L_H - t.(\bar{L} - L_H).\theta_3'(.) = 0$$

$$e(W_H).F_2'(.)_V - (1+d).W_H - R'(W_i - W_.^*).C(I - I_H).L_H + t.W_H.\theta_2'(.) = 0$$

Il en ressort que :

$$t^* = \frac{L_H}{\left[\bar{L} - L_H\right]}[e'(W_H).F_2'(.) - (1+d) - R_2'(.).C(I - I_H) - 1$$

$$W_H = {}^{e(W_H).F_2'(.) - R'(W_i - W_.^*).C(I - I_H).L_H} \Big/ {}_{(1+d)}$$

$$W_H \geq 0$$

Les résultats précédents sont ainsi retrouvés. Toutefois, ils sont amplifiés par le mécanisme de progressivité de la pénalité liée à un emploi insuffisant de travailleurs handicapés.

$$L_H = \bar{L} + \frac{t.\bar{L}.\theta_3'(.)}{e'(W_H).F_2'(.) - R_2'(.).C(I - I_H) - 1}$$

On en déduit que plus l'effort productif des travailleurs handicapés est élevé et plus la quantité de travail est importante. De même, le nombre de travailleurs handicapés est fonction croissante du taux de pénalisation de l'entreprise pour un non-respect des normes et de la contrainte quantitative imposée par la loi.

En conclusion, il convient d'opposer les résultats obtenus dans une économie salariale ou d'efficience. Dans la première, les travailleurs handicapés peuvent être discriminés dans leur emploi sous certaines conditions et, notamment, que l'écart de salaire entre les personnes handicapées et valides soit supérieur à l'écart de productivité entre les deux groupes. Si des écarts non fondés existent, l'État se doit de légiférer pour les réduire ou de stimuler l'embauche des personnes handicapées par des mesures permettant d'alléger leur coût salarial par des subventions aux entreprises ou des transferts directs aux personnes.

Mais, le montant des sommes allouées doit tenir compte d'un certain nombre d'arguments dont l'écart de productivité, de coût d'intégration, ... de façon à ne pas créer des effets de substitution entre les embauches. Dans le cas d'une discrimination positive des travailleurs valides, l'entreprise peut améliorer son niveau d'utilité en embauchant pas de travailleurs handicapés, mais doit accepter une diminution de son profit. Il apparait également que le travailleur handicapé doit payer une « prime d'assurance d'emploi » pour travailler.

Dans une économie d'efficience, les salaires des travailleurs handicapés et valides sont indépendants. S'il y a discrimination entre les deux groupes, elle ne résulte pas d'une volonté ex-ante de l'entreprise, mais s'apprécie ex-post à partir des écarts perçus entre les salaires optimaux versés à chaque groupe de travailleurs, suite à une mauvaise estimation de la productivité moyenne des deux types de travailleurs. Le coût supplémentaire d'intégration des travailleurs handicapés est compensé par le fait qu'ils sont payés par l'entreprise en dessous du produit de l'effort et de leur productivité marginale. Les travailleurs handicapés paient une « prime d'assurance » liée à l'emploi dans un but d'intégration et de maintien dans l'organisation, ce qui favorise à la fois, dans le temps, l'amortissement du coût par la firme et diminue la probabilité de licenciement des travailleurs handicapés. L'État peut jouer un rôle important en subventionnant le surcout d'intégration, ce qui réduit l'impact négatif du coût salarial sur l'emploi, le frein à l'embauche et le délai d'amortissement du coût.

Bibliographie :

G. Akerlof (1984), « *Gift Exchange and efficiency Wage theory* », American Economic Review, n°74, May.

R. Arnott, J.E. Stiglitz (1982), *Equilibrium in a Competitive Insurance Market: The Welfare Economics of Moral Hazard*, Mineo Queens University.

R. Arnott, A. Hosios, J.E. Stiglitz (1983), *Implicit Contracts, Labor Mobility and Unemployment*, Mineo Princeton University.

K.J. Arrow (1973), *Discrimination in Labor Market*, Princeton University Press

G. Becker (1964), *The Human Capital : a Theorical and Empirical Analysis with Special Reference to Education*, Colombia University Press, New York.

G. Becker (1971), *The Economics of Discrimination*, University of Chicago Press.

K. Burdette, D.T. Mortensen (1978), *"Labor Supply under Uncertainty"*, Research in Labor Economy, J.A.I. Press.

B. Chiplin, P.J. Sloane (1974), « *Sexual Discrimination in the Labor Market* », British Journal of Industrial Relations, Vol. 12, n°3, November.

Ph. Didier-Courbin (2005), « *Éléments d'information sur la legislation en faveur des personnes handicapées en France: de la loi de 1975 à celle de 2005* », Revue française des Affaires sociales, n°2, avril/juin 2005.

P.B. Doeringer, M.J. Piore (1969), *Internal Labor Markets and Manpower Analysis*, Heath Lexington Books, Massachusetts.

G. Duthil, E. Paquet-Vaultier (1999), *Le chômage des jeunes en Europe*, L'harmattan.

G. Duthil (2004), *Economie du travail et des ressources humaines*, L'harmattan.

M.S. Golberg (1982), *"Discrimination, Nepotism and Long Run Wage Differentials"*, Quarterly Journal of Economics, n°2, may, pp. 307-319.

J. Leibenstein (1957), *Economic Backwardness and Economic Growth*, New York, Wiley eds

J. Leibenstein (1978), *General X-efficiency theory and Economic Development*, New York and London, Oxford University Press.

J. Leibenstein (1980), "X-efficiency, Intra-firm Behavior and Growth", in S. Maital, N. Meltz-Lagging, *Productivity, Growth*, Ballinger, Cambridge Massachussetts.

J.F. Madden (1973), *The Economics of Sex discrimination*, Lexington Books.

D.T. Mortensen (1977), "*Unemployment Insurance and Job Search Decision*", Industrial and Labor Relations Review, Vol.30, p.505-517.

E.S. Phelps (1972), *"The Statistical Theory of Racism and Sexism"*, American Economic Review, Vol.62, n°4, September.

B. Reynaud (1987), "Les règles et l'incomplétude du contrat de travail dans le paradigm standard" Cahier du Cepremap, n°8742, Oct.

M. Reich, D.M. Gordon, R.C. Edwards (1972), "*A Theory of Labor Market Segmentation*", American Economic Review, May, p. 359-365.

C. Shapiro, J. Stiglitz (1982), *Equilibrium Unemployment as a Worker Discipline Device*, Princeton University.

A.M. Spence (1973), "*Job Market Signaling*", Quarterly Journal of Economics, August, p.355-374.

P. Thornton (2005), "*Panorama des dispositifs spécialisés ou non, existant en Europe et l'exemple du Royaume-Uni*", Revue française des Affaires sociales, n°2, avril/juin.

A. Weiss (1980), « *Job Queues and Layoffs in Labor Market with flexible Wages* », Journal of Political Economy, Vol.88, June.

Partie III

L'insertion professionnelle des personnes handicapées

Sur le marché du travail

Deux approches peuvent être développées pour examiner les liens entre travail et handicap. La première est celle des risques liés au travail (accidents du travail, maladies professionnelles reconnues ou limitations perçues par les salariés). La deuxième est celle de l'insertion professionnelle des personnes handicapées ou en situation de handicap. Notre intérêt se porte sur le deuxième axe, c'est-à-dire l'insertion qui peut s'effectuer par deux canaux, à savoir : l'insertion en milieu ordinaire et l'insertion en milieu adapté.

Cependant, il convient de faire un état des risques liés au travail, pouvant conduire à une situation de handicap, qui ne peuvent pas être considérés comme négligeables dans l'activité économique. En 2016, la sécurité sociale des régimes général et agricole a reconnu 660 300 accidents de travail avec arrêt. Ces accidents ont entrainé 577 décès et 39 000 cas d'incapacité permanente partielle. La même année, ces deux régimes ont reconnu également 50 700 cas de maladies professionnelles dont plus de la moitié (26 200) a conduit à une incapacité permanente partielle. Les catégories ouvrières sont les plus touchées (71% des cas), notamment par les affections liées à l'amiante et les surdités. Les hommes sont, dans ces deux pathologies, très majoritairement plus touchés que les femmes, alors que ces dernières pâtissent majoritairement de troubles musculo- squelettiques.

Il en ressort que ces personnes, frappées par la maladie ou les accidents professionnels, peuvent se retrouver par la suite dans une situation difficile, voire extrêmement précaire. Elles viennent s'ajouter à la population handicapée existante, frappée par l'inactivité ou le chômage.

En 2019, 3.8% des 26.8 millions de personnes de 15 à 64 ans (soit 1 million) avaient une reconnaissance administrative de leur handicap. Si on ajoute les personnes, ayant un problème de santé durable accompagné de difficultés depuis au moins 6 mois dans les activités quotidiennes, la part des personnes dites en situation de handicap dans la population totale en âge de travailler est égale à 10.4% (soit 2.8 millions).

Il s'ensuit que la population handicapée active est plus âgée que la moyenne de la population totale et moins qualifiée. Elle travaille également plus fréquemment à temps partiel.

Ainsi, la population handicapée souffre d'une « double marginalité ». Celle-ci s'explique par la difficulté pour les personnes handicapées de trouver un emploi, ce qui les conduit souvent à rester en inactivité et, par les conditions d'emploi et d'exercice de l'activité plus défavorables.

§ 1 – Données générales du marché du travail

Bien que la chute de l'activité économique en France ait été extrêmement forte en 2020 (8.2%), due à la crise sanitaire, l'emploi salarié n'a diminué que de 1.1% (soit 284 000 emplois perdus). L'effet de la crise sur l'emploi a été amortie par le recours massif au chômage partiel (6.2% des emplois en moyenne sur l'année). Ainsi, le taux de chômage est resté relativement stable sur l'année. Mais, son évolution cache un nombre important de radiations de chômeurs qui n'avaient pas réalisé de recherches actives d'emploi.

1.1 – Le chômage des travailleurs handicapés

Dans ces conditions, on pouvait imaginer une croissance forte du nombre de chômeurs ayant un handicap, ce qui n'a pas été le cas puisque les demandeurs d'emploi en situation de handicap voient leur part dans l'ensemble des demandeurs d'emploi diminuer significativement, passant de 8.6% en 2019 à 7.8% à la fin 2020. Le nombre de demandes d'emploi des personnes handicapées[3] a diminué en 2020 (-20 000). Mais ce chiffre cache les radiations et surtout les difficultés d'insertion sur le marché du travail qui peuvent conduire les personnes à sortir du marché (comportement de « chômeurs désespérés »). En effet, le chômage de longue durée pour les personnes handicapées a fortement progressé (+ 5 points en un an). Ainsi, un demandeur d'emploi sur 4 est inscrit au chômage depuis plus de 3 ans. C'est pourquoi les pouvoirs publics ont mis en place des aides complémentaires dès le premier semestre 2020, telles que des aides à l'alternance et aides à l'emploi des personnes en situation de handicap.

L'AGEFIPH et le FIPHFP[4] ont proposé des mesures pour accompagner et maintenir les personnes handicapées dans leur emploi et soutenir les entrepreneurs et employeurs en situation de handicap (adaptation des situations de travail, soutien à l'exploitation, …).

---

[3] Les Bénéficiaires de l'Obligation d'Emploi (BOE) regroupent différentes catégories : les personnes ayant obtenu la reconnaissance de la qualité de travailleurs handicapés, les victimes d'accident de travail ou de maladie professionnelle, les titulaires d'une pension d'invalidité, les titulaires d'une carte d'invalidité, les personnes percevant une allocation adulte handicapé et les anciens militaires invalides.

[4] Le FIPHFP est le fonds pour l'insertion des personnes handicapées dans la fonction publique.

Tableau 9 : Population de Bénéficiaires de l'Obligation d'Emploi

	2013	2015	2017	2019	2020
BOE	2 579	2 720	2 751	2 783	2 805
DEBOE	468,2	471,8	495,6	496,5	476,8
Δ		+ 0.8	+ 5%	+0.1%	- 3.9%
DEBOE/DE		7.9%	8.7%	8.6%	7.8%
DLD/DEBOE		62%	65%	59%	64%
RTH CE	36 500	79 196	84 155	84 658	77 444
ME CE		19 581	22 168	21 009	18 744

Source : Agefiph, Observatoire de l'emploi et du handicap

BOE : Population en situation de handicap (en milliers).

DEBOE : Demandeurs d'emploi en situation de handicap (en milliers).

DEBOE/DE : Part des demandes d'emploi des BOE rapporté à la demande totale d'emploi.

DLD/DEBOE : Demande d'emploi à long terme (> 3 ans) des BOE dans la demande d'emploi des BOE.

RTH CE : Reprise d'emploi des travailleurs handicapés accompagnés par Cap Emploi.

ME CE : Maintien dans l'emploi des travailleurs handicapés accompagnés par Cap Emploi.

La population de Bénéficiaires de l'Obligation d'Emploi s'établit aujourd'hui à environ 2.8 millions de personnes. Parmi elles, 476 mille sont demandeurs d'emploi, ce qui représente 17% de l'ensemble de la population BOE à la fin 2020. Ce chiffre est en nette baisse par rapport à 2019 (17.8%) pour les raisons indiquées ci-dessus. Cependant, la part des demandes d'emploi de long terme augmente de manière significative passant de 57% en 2019 à 64% en 2020, contre 50% pour l'ensemble de la population des demandeurs d'emploi.

Ce résultat montre la plus grande difficulté des chômeurs handicapés de longue durée à retrouver un emploi. 129 000, soit plus d'un DEBOE sur 4 est en recherche d'emploi depuis plus de 3 ans, leur nombre continuant d'augmenter. Il est évident que plus la conjoncture est difficile sur le marché du travail et plus le nombre de demandeurs handicapés d'emploi augmente et finalement s'accumule.

Depuis janvier 2018, des organismes de placement spécialisés, regroupés sous le nom de Cap Emploi, travaillent en lien avec les CDAPH, Pôle emploi et l'ensemble des acteurs concernés par l'emploi des personnes handicapées. Ainsi par ce biais, en 2020, plus de 77 mille personnes handicapées ont repris une activité professionnelle, nombre en nette régression (- 8.5%) par rapport à 2019. Ce nombre est inférieur à ce qu'il était en 2015 (79 mille). De plus, Le nombre de placements de 3 mois et plus est en nette régression, passant de 58 240 en 2019 (62 023 en 2017) à 46 221 en 2020, soit une chute de – 20.6%. Dans le même temps, les maintiens en activité, accompagnés par Cap emploi, ont diminué également passant de 21 009 en 2019 à 18 744 en 2020, soit une baisse de – 10.7%. Ces maintiens sont très inférieurs à leur niveau de 2015 (19 581).

Il apparaît donc qu'à partir de ces deux éléments, une dégradation de la situation des travailleurs handicapés en 2020. Cette conclusion est confortée par l'évolution du taux d'activité. Lorsque la conjoncture économique se détériore, il est alors plus difficile pour les personnes handicapées de s'insérer sur le marché du travail et de s'y maintenir.

1.2 – Le taux d'activité des personnes handicapées

Il convient de noter que le taux d'activité des personnes handicapées en âge de travailler tend à diminuer sur la période 2008/2020, passant de 45.7% à 44.0%. En 2019, l'écart de taux d'activité des personnes handicapées est intéressant puisqu'il montre que ce taux d'activité pour les personnes handicapées ayant eu une reconnaissance administrative de leur handicap (44%) est inférieur de 10 points à celui des personnes en situation de handicap (54%). Cependant, le creux de la courbe s'établit en 2015, avec un taux d'activité égal à 43.0%. L'écart se creuse également par rapport à l'ensemble des personnes en âge de travailler dont le taux d'activité progresse sur l'ensemble de la période passant de 70.7% à 72.0%. Le rapport des taux APT/APH passe de 1.55 à 1.64, reflétant les deux évolutions contraires. Ces indicateurs montrent les difficultés pour les personnes handicapées d'entrer sur le marché du travail et de s'y maintenir. Elles deviendraient des « inactifs forcés » par des barrières à l'entrée.

En 2015, une étude de l'IGAS[5] montre que, pour l'ensemble de la population en âge de travailler, le premier motif d'inactivité était lié à un faible niveau d'études (40%). Pour les travailleurs handicapés, l'invalidité reste le premier motif d'inactivité (62%). L'éloignement durable du marché du travail est marqué par l'ancienneté dans l'inactivité. Près de 4 personnes handicapées sur 5 (79%) sont inactives depuis plus de trois ans en 2015 (contre

[5] Inspection Générale des Affaires Sociales (2020), Handicaps et emploi, Rapport thématique 2019-2020.

moins de 3 personnes sur 5 en moyenne (57%) pour l'ensemble de la population). À l'opposé, 13 % des personnes reconnues handicapées sont inactives depuis moins de deux ans, contre 31% pour l'ensemble de la population.

Tableau 10 : Évolution sur longue période du taux d'activité (en %).

	2008	2013	2015	2017	2019	2020
T.APT	70.7	71.1	72.0	71.5	72.0	72.0
T.APH	45.7	44.6	43.0	43.4	44.0 /54	44.0
APT/APH	1.55	1.59	1.67	1.65	1.64	1.64

Source : Agefiph, Observatoire de l'emploi et du handicap

T.APT : Taux d'activité des personnes en âge de travailler [15-64 ans]

T.APH : Taux d'activité des personnes handicapées [15-64 ans]

1.3 – Le taux d'emploi

Toutefois, en s'intéressant au taux d'emploi de ces deux groupes, il apparaît qu'ils progressent de façon concomitante. En effet, le taux d'emploi, relativement faible par rapport à nos partenaires européens, des personnes en âge de travailler progresse de façon quasi régulière passant de 63.9% en 2008 à 66.0% en 2020. Le taux d'emploi des personnes handicapées est quasi stationnaire de 2008 à 2017 autour de 35.5%. Cependant, il progresse nettement de 2017 à 2020 en passant de 35.6% à 37.0%.

Le rapport des taux d'emploi des deux groupes est quasi constant entre 2008 et 2020. En 2019, l'écart de taux d'emploi des personnes handicapées montre également que le taux d'emploi des personnes handicapées ayant eu une reconnaissance administrative de leur handicap (37%) est inférieur de 10 points à celui des personnes en situation de handicap (47%), montrant les difficultés pour se positionner sur le marché du travail pour le premier groupe. À noter également que le taux d'emploi des personnes handicapées en 2008 est particulièrement faible.

Tableau 11 : Évolution sur longue période du taux d'emploi (en %).

	2008	2013	2015	2017	2019	2020
T.EPT	63.9	64.0	64.2	64.8	66.0	66.0
T.EPH	35.6	36.5	35.1	35.4	37.0/47	37.0
EPT/EPH	1.79	1.75	1.83	1.65	1.78	1.78

Source : Agefiph, Observatoire de l'emploi et du handicap

T.EPT : Taux d'emploi des personnes en âge de travailler [15-64 ans]

T.EPH : Taux d'emploi des personnes handicapées [15-64 ans]

Ainsi, toute crise, financière ou sans doute sanitaire, a un impact négatif plus fort sur ce groupe, faisant pour partie des « va et vient » entre inactivité et activité. L'évolution du rapport des taux d'emploi des deux groupes est intéressante. Si le rapport à tendance à s'accroître de 2008 à 2015, il diminue ensuite pour retrouver en 2020 son niveau de 2008. Entre la fin 2012 et la fin 2018, le nombre de demandeurs d'emploi bénéficiant d'une reconnaissance administrative du handicap a progressé de 28% alors que le nombre des demandeurs valides d'emploi a augmenté de 15.5%. Ainsi, la dégradation de la situation de l'emploi sur cette période a plus que proportionnellement affecté les personnes handicapées.

1.4 – Le taux de chômage

Le taux de chômage montre également les inégalités entre les deux groupes. Le taux de chômage des personnes handicapées est structurellement deux fois plus élevé que le taux de chômage des personnes en âge de travailler. Il montre généralement que les personnes handicapées sont plus vulnérables en période de récession économique (le taux de chômage progresse plus vite) et moins employables en phase de reprise économique (le taux diminue moins vite). En 2019, l'écart des taux de chômage entre les deux groupes de personnes handicapées est de 3 points.

Tableau 12 : Évolution sur longue période du taux de chômage (en %).

	2008	2013	2015	2017	2019	2020
T.CPT	8.6	9.9	10.2	9.4	8.0	8.0
T.CPH	18.7	18.1	19.0	18.6	16.0/13	16.0
CPT/CPH	2.17	1.83	1.86	1.98	2.0	2.0

Source : Agefiph, Observatoire de l'emploi et du handicap

T.CPT : Taux de chômage des personnes en âge de travailler [15-64 ans]

T.CPH : Taux de chômage des personnes handicapées [15-64 ans]

En dix ans, de 2007 à 2017, les demandes de reconnaissance de handicap ont doublé, passant de 300 à 600 mille. Cette croissance peut, en partie, expliquer la constance du taux de chômage des personnes handicapées, quelle que soit la conjoncture ou l'aide à l'emploi, et la constance du rapport entre les taux de chômage des deux groupes.

Pour conclure sur ce paragraphe, il convient de noter la plus grande difficulté des personnes handicapées à s'insérer sur le marché du travail et à s'y maintenir. D'autant plus que l'obligation laisse des flexibilités importantes aux entreprises dans l'application des modalités. De ce fait l'impact du dispositif est difficile à mesurer. En effet, dans le secteur privé, l'obligation légale peut être satisfaite par l'emploi direct des travailleurs handicapés ou par d'autres modalités (comme par exemple, la sous-traitance). Ainsi, une entreprise peut satisfaire son obligation d'emploi sans employer un seul travailleur handicapé (taux d'emploi direct nul).

Quoiqu'il en soit, la part des travailleurs handicapés bénéficiaires de l'obligation d'emploi dans l'ensemble des effectifs employés est en dessous de l'objectif légal de 6%. En 2017, le taux était de 5.5% dans le secteur public et de 3.5% dans le privé. Cependant, ce taux d'emploi est en nette progression depuis 2010, puisqu'il était respectivement de 4.0% et de 2.9%.

§ 2 – Caractérisation des personnes handicapées sur le marché du travail

Si en 2008, les femmes ne représentaient qu'un tiers de la population bénéficiaire de l'obligation d'emploi, c'est parce qu'elles se présentaient moins sur le marché du travail et restaient donc « inactives ». Cette part a progressivement augmenté et un équilibre s'établit aujourd'hui entre les hommes et les femmes.

Les reconnaissances administratives de handicap ont fortement progressé (+ 400 000), passant de 2.4 millions en 2013 à 2.8 millions en 2020 et ont donc profité davantage aux femmes qui souhaitent s'insérer ou se maintenir dans l'emploi malgré leur handicap. Cependant, la croissance des emplois offerts se situe dans les services, notamment à la personne ou de proximité, ce qui correspond davantage à l'offre de travail féminin.

2.1 – La population en reconnaissance de handicap

De même, la part des actifs handicapés de plus de 50 ans augmente progressivement passant de 42% en 2008 à 50% en 2020. Là encore, la forte progression des reconnaissances de handicap a permis à beaucoup de travailleurs de plus de 50 ans de faire valoir leur handicap, ce qui peut conduire à une certaine protection dans la sphère professionnelle.

Tableau 13 : Caractéristiques de la population handicapée (en %)

	2008	2013	2015	2017	2019	2020
F/PTH	34	42	46	44	50	50
>50 ans	42	45	46	51	48	50
TP/PTH	24	26	26	28	34	34
C/PTH	6	7	6	7	7	10

Source : Agefiph, Observatoire de l'emploi et du handicap

F/PTH : Part des femmes dans la population en situation de handicap

>50 ans/PTH : Part des plus de 50 ans dans la population handicapée

TP/PTH : Part de l'emploi à temps partiel sur l'emploi des personnes handicapées

C/PH : Part des emplois de cadre dans l'emploi des personnes handicapées

Tableau 14 : Caractéristiques des demandeurs d'emploi en situation de handicap (en %)

	2008	2013	2015	2017	2019	2020
>bac/DTH	27	23	25	32	37	36
CAP/DTH	35	29	27	23	19	20
FQ/DTH	39	41	39	39	37	37
DELD/DTH	68	55	58	62	64	61
DECD/DTH	22	20	24	23	27	26
Ancienneté		746	785	853	908	883

Source : Agefiph, Observatoire de l'emploi et du handicap

>bac/DTH : Demandeurs d'emploi handicapés ayant au moins le baccalauréat sur l'ensemble des demandeurs d'emploi handicapés

CAP/DTH : Demandeurs d'emploi handicapés ayant un CAP sur l'ensemble des demandeurs d'emploi handicapés

FQ/DTH : Demandeurs d'emploi handicapés ayant une faible qualification sur l'ensemble des demandeurs d'emploi handicapés

DELD/DTH : Demandeurs d'emploi handicapés de longue durée sur l'ensemble des demandeurs d'emploi handicapés

DECD/DTH : Demandeurs d'emploi handicapés de courte période (< 3 ans) sur l'ensemble des demandeurs d'emploi handicapés

Une amélioration du niveau de qualification des personnes handicapées est à noter même si ce niveau est globalement plus faible que dans la population totale en âge de travailler. En effet, la part des cadres dans la population bénéficiaire de l'obligation d'emploi est de 10% en 2020 contre 6% en 2008 (19% pour l'ensemble des personnes en emploi en 2020, soit quasiment le double). Reste un élément négatif important dans le bilan, c'est la montée très nette du temps partiel pour les travailleurs handicapés. Cette part qui n'était que de moins d'un quart de la population en 2008 est d'un tiers en 2020.

Ce fait montre une dégradation des conditions d'exercice professionnel pour cette population puisque l'emploi à temps partiel ne représente que 17% des emplois pour l'ensemble de la population en 2020. Le taux d'emploi à temps partiel des personnes handicapées est deux fois plus élevé que pour l'ensemble de la population.

Cette plus grande précarité s'explique par la faible qualification de la population en situation de handicap. En effet, quasiment 2 personnes sur 5 ont une faible qualification sur toute la période d'analyse avec cependant, une légère baisse en fin de période. Alors que cette population voit sa part de personnes avec un CAP diminuer très nettement de 2008 (35%) à 2020 (20%), la part des personnes avec au moins un baccalauréat passe de 27% en 2008 à 36% en 2020. Cette part est beaucoup plus faible que pour l'ensemble des demandeurs d'emploi (54% en 2020)

2.2 – Les facteurs structurels d'exclusion

En 2017, l'étude de l'IGAS aboutissait à la conclusion qu'il existait des facteurs structurels d'exclusion. Le premier est l'âge plus élevé des personnes handicapées que de l'ensemble de la population ; le handicap apparaissant souvent en cours de vie professionnelle et avec le vieillissement. Ainsi, un travailleur handicapé sur deux en emploi (50%) ou au chômage (46%) avait plus de 50 ans. Le deuxième facteur est le moindre niveau de qualification qui peut s'expliquer par les difficultés de scolarisation et d'accès à la formation professionnelle des personnes handicapées. Le dernier correspond à des comportements discriminatoires des employeurs.

Dans un rapport sur les discriminations[6] sur le marché du travail, le Défenseur des droits souligne que « le fait d'être en situation de handicap multiplie par trois la probabilité d'expériences de discrimination et constitue un facteur aggravant, indépendamment du sexe, de l'âge ou de l'origine. Tous les groupes sociaux sont touchés de la même manière lorsque les personnes présentent un handicap ou une altération durable chronique de leur état de santé. Les personnes en situation de handicap se trouvent donc exposées à de multiples formes de discriminations qui se cumulent et renforcent les obstacles qu'elles rencontrent dans leur parcours d'insertion sociale et professionnelle ». Ainsi, le handicap est le premier motif de saisine du Défenseur des droits en 2018, avec près d'un quart des procédures et, dans l'emploi, plus d'un tiers des saisines est lié au handicap.

Ce constat montre à la fois leur faible « employabilité » et leur forte vulnérabilité face à la sélection sur le marché du travail. Sur la période 2008/2020, il convient de noter la quasi stabilité (autour de 39%) de la part des demandeurs d'emploi handicapés ayant une faible qualification, avec cependant une légère baisse en fin de période (37%) qui reste à confirmer compte tenu des actions engagées notamment en 2020.

Toutefois, la proportion de demandeurs handicapés d'emploi, ayant le baccalauréat, s'accroît très nettement passant de 27% en 2008 à 36% en 2020. Ce résultat peut être interprété soit de façon positive (la montée en qualification des travailleurs handicapés), soit de façon

[6] Rapport sur l'approche des discriminations

négative (un goulot d'étranglement où, à qualification égale, les personnes handicapées auraient moins de chances de trouver un emploi).

Ainsi, les personnes reconnues handicapées subissent la concurrence des personnes valides à l'entrée du marché du travail, quelle que soit la conjoncture économique. La nécessité d'imposer des quotas est donc primordiale dans leur processus d'insertion. La part des demandeurs d'emploi handicapés, ayant un CAP, diminue très nettement sur la période 2008 (35%) / 2020 (20%). C'est en logique avec l'évolution globale du marché du travail où la part des CAP dans la population active globale diminue également. Ce niveau de formation est souvent soumis à des emplois courts et des « va et vient » entre chômage et emploi.

Ainsi, la part des demandes d'emploi de longue durée a tendance à diminuer, même si ce niveau reste très soumis à l'évolution de l'activité économique. Le crack financier de 2007/08 a fait croître cette part qui atteint son niveau le plus bas sur la période en 2013/14 pour remonter par la suite. Globalement, on peut retenir que trois personnes handicapées demandeuses d'emploi sur cinq est chômeur sur longue période. Si la part de la demande d'emploi à court terme (< 3 ans) tend à augmenter légèrement, on voit également que l'ancienneté moyenne au chômage s'accroît de façon structurelle de 746 jours en 2013 à 883 jours en 2020.

§ 3 – L'emploi des travailleurs handicapés

L'insertion des travailleurs handicapés se fait soit directement sur le marché, soit par les contrats d'alternance, soit de façon indirecte par les entreprises adaptées.

3.1 – L'insertion directe par le marché

Le nombre annuel d'insertions des travailleurs handicapés a fortement augmenté sur la période 2019 – 2019 passant de 57 mille à près de 85 mille (Cf. Tableau 15). Toutefois, cette croissance est stoppée par la crise sanitaire en 2020 avec seulement 77 000 placements, retombant en dessous du niveau de 2015. Les femmes s'insèrent davantage que les hommes. À une répartition égale entre les deux sexes en 2015, 54% des insertions profitent aux femmes en 2020. La population de travailleurs handicapés, retrouvant une activité, tend à vieillir sur la période d'étude puisqu'en 2017, 35% des placements concernait des personnes de plus de 50 ans. En 2020, c'est 38%, ce qui accroît les difficultés de placement puisque l'employabilité diminue avec l'âge. 39% des personnes, retrouvant un emploi, avait au moins le baccalauréat en 2020, résultat légèrement en progression depuis 2017.

En 2020, 36% des personnes ont bénéficié d'un accompagnement depuis au moins deux ans, part relativement stable sur la période d'analyse. Pour une majorité de ces placements, la période d'emploi est supérieure à trois mois (60% en 2020 contre 74% en 2017), ce qui montre une fragilisation de l'insertion[7].

Toutefois, la part des contrats à durée indéterminée sur l'ensemble des insertions progresse passant de 19% en 2017 à 26% en 2020[8]. Enfin en 2020, la part des contrats aidés dans le total des placements est de 20% et la part des contrats avec un employeur public est égale à 22%.

---

[7] En 2013, cette part était de 69% (39362 / 56956) avec un flux de placements plus faible.

[8] En 2013, la part des CDI était de 23%.

Tableau 15 : L'insertion des travailleurs handicapés

	2017	2018	2019	2020
Nombre d'insertions (I)	84 155	84 356	84 658	77 444
Femmes / I	51%	52%	53%	54%
> 50 ans / I	35%	37%	38%	38%
> Bac / I	37%	37%	38%	38%
A > 2 ans / I	37%	35%	34%	36%
I > 3 mois	62 023	58 905	58 240	46 221
CDI / I	19%	18%	26%	26%

> 50 ans / I : Part des personnes handicapées de plus de 50 ans dans le total des placements

> Bac / I : Part des personnes handicapées ayant le baccalauréat et plus dans le total des placements

A > 2 ans / I : Part des personnes handicapées accompagnées depuis plus de deux ans dans le total des placements

I > 3 mois : Part des personnes handicapées placées à plus de 3 mois dans le total des placements

CDI / I : Part des personnes handicapées placées à contrat à durée indéterminée dans le total des placements

Les contrats aidés[9] sont destinés aux demandeurs d'emploi, ayant des difficultés particulières d'accès à l'emploi, dont les travailleurs handicapés, et par lesquels leurs employeurs bénéficient d'aides versées par les pouvoirs publics. Les enquêtes emploi montrent que les

[9] Les contrats aidés ont été remplacés par les « parcours emploi compétences » en 2018. Ils ont la même logique mais le nouveau contrat donne plus d'importance à la contractualisation entre les trois intervenants : l'employeur, l'employé et le prescripteur (exemple Cap emploi).

travailleurs handicapés, sous contrats aidés, sont plus présents dans le secteur non marchand que marchand. Toutefois, le secteur non marchand conduit ces contrats à être moins efficaces pour un retour durable à l'emploi que dans le secteur marchand. Sur longue période, le volume de contrats aidés baisse pour l'ensemble de la population, et aussi pour les travailleurs handicapés, passant de 50 000 en 2013 à 21 000 en 2018. Cependant, la part des travailleurs handicapés bénéficiaires de contrats aidés dans l'ensemble des bénéficiaires ne cesse d'augmenter passant de 9.2% en 2013 à 15.9% en 2018[10].

3.2 – Les contrats d'alternance

Sur l'ensemble de la population, les différentes évaluations montrent que l'alternance est une réelle voie d'accès au marché du travail, quel que soit le niveau d'études de l'alternant. À la suite de contrats d'apprentissage ou de professionnalisation, l'insertion professionnelle est plus rapide en sortie de formation, soit dans l'entreprise d'accueil de l'alternant, soit dans une autre structure. C'est pourquoi le recours à l'alternance pour les personnes handicapées a été favorisé par diverses mesures et incitations.

En 2009, le contrat d'apprentissage a été élargi pour les travailleurs handicapés en supprimant la limite d'âge. La loi « avenir professionnel » de 2018 renforce les aménagements dans la durée et la succession des contrats. Les entreprises, embauchant des travailleurs handicapés en alternance, perçoivent, outre les aides de droit commun, des aides spécifiques plafonnées selon le contrat et versées par l'agefiph. Depuis 2013, des plans de développement de l'alternance pour les travailleurs handicapés ont eu pour objectif d'améliorer la qualification des travailleurs

[10] Source : DGEFP

handicapés et leur insertion sur le marché du travail. Malgré ces aides, les travailleurs handicapés bénéficient peu de contrats d'alternance (1.1% de l'ensemble des contrats en 2017 et moins de 0.5% en 2020).

Tableau 16 : Les travailleurs handicapés et l'alternance

	2015	2017	2018	2019	2020
CA Contrat Apprentissage	2 550	3 240	2 567	2 401	2 515
Hommes / CA	72%	63%	74%	72%	70%
< 18 ans / CA	32%	33%	38%	28%	30%
> Bac / CA	15%	19%	15%		22%
CP Contrat professionnalisation	3 160	2 444	2 396	1 648	1 040
Femmes / CP	50%	49%	50%	53%	50%
> 45 ans / CP	30%	31%	35%	38%	38%
> Bac / CP	53%	52%	50%	50%	45%

Ainsi, les contrats en alternance jouent un rôle marginal dans l'insertion des personnes handicapées[11], compte tenu du nombre de contrats signés en France, ces dernières années. Ces contrats se répartissent donc en deux grandes catégories, contrats d'apprentissage et contrats de professionnalisation.

Les contrats d'apprentissage sont relativement stables sur la période d'analyse ; leur nombre varie autour de 2500 contrats. Ces contrats profitent majoritairement aux hommes (entre 70% et 74%). Les jeunes, de moins de 18

[11] En 2021, 718 000 contrats d'apprentissage ont été signés en France, en très forte hausse annuelle depuis 2019 (368 000) ; et 120 600 contrats de professionnalisation ont été signés, en nette baisse depuis 2019 (269 400 contrats).

ans, gardent une place importante dans le mécanisme puisqu'ils concernent quasiment un tiers des contrats sur la période (âge moyen 22 ans en 2020). De même, un cinquième de ces contrats porte sur une population ayant au moins le baccalauréat. En 2020, l'intégration par des contrats d'apprentissage de personnes à handicap mental ou à handicap cognitif représentait respectivement 14% et 40% des contrats. Les petites entreprises (< 10 salariés) accueillent 61% des personnes handicapées sous contrat d'apprentissage, alors que les moyennes et grandes entreprises (> 20 salariés) n'accueillent que 26% des personnes sous contrat. Enfin, trois contrats d'apprentissage sur cinq concernent le secteur tertiaire.

Les contrats de professionnalisation voient leur nombre s'effondrer, passant de 2444 en 2017 à 1040 en 2020. La répartition de ces contrats se fait quasi équitablement entre les deux sexes. Plus d'un tiers des contrats de professionnalisation concerne des personnes de plus de 45 ans (âge moyen 39 ans en 2020) et la moitié des contractuels a au moins le baccalauréat. En 2020, l'intégration par des contrats de professionnalisation de personnes à handicap moteur ou à maladies invalidantes représentait respectivement 50% et 22% des contrats. Les moyennes et grandes entreprises (> 20 salariés) accueillent près de 60% des personnes sous contrat. Enfin, plus de quatre contrats de professionnalisation sur cinq concernent le secteur tertiaire.

3.3 – Les entreprises et les travailleurs handicapés

Plus de 100 mille établissements de plus de 20 salariés sont soumis à l'obligation d'emploi de travailleurs handicapés (Cf. Tableau 18). Parmi eux, plus de 13 mille sont conventionnés par un accord. Ce nombre est en constante progression depuis 2013. Près de 500 mille travailleurs handicapés sont en activité dans ces établissements. 80% de ces structures emploient au moins un travailleur handicapé, chiffre en progression depuis 2013. Cependant, encore 9% versent uniquement une contribution financière à l'agefiph. Ainsi les travailleurs handicapés ne représentaient en 2017 que 3.5% des effectifs des établissements privés, niveau très inférieur au quota légal.

Tableau 17 : Part de travailleurs handicapés dans l'ensemble des établissements assujettis (en %).

Établissements	2010	2013	2015	2017
Privés	2.9	3.2	3.4	3.5
Publics	4.0	4.6	5.2	5.5

Source : IGAS, rapport thématique 2020

Dans le secteur privé, le taux d'emploi dépend de trois facteurs :

- L'existence ou non d'un accord agréé au titre de l'obligation d'emploi est un déterminant ; le taux d'emploi dans les établissements couverts par un accord est plus élevé que la moyenne.

- La taille de l'établissement montre plus établissement est grand et plus il satisfait à l'obligation d'emploi.

Tableau 18 : Taux d'emploi direct des travailleurs handicapés en fonction de la taille de l'entreprise (en %)

	20 - 49	50 - 99	100 - 249	250 - 499	500 et +
2011	2.9	3.1	3.1	3.2	2.9
2017	3.1	3.4	3.5	3.6	3.7

Source : IGAS, rapport thématique 2020

On remarque d'entre 2011 et 2017, le taux d'emploi croît quelle que soit la taille de l'établissement, et plus rapidement dans les entreprises de grande taille qui avaient un plus net retard en 2011.

- Le secteur d'activité est un critère important puisque les services privés chargés de missions de service public, de santé et de protection sociale ainsi que l'industrie sont les secteurs les plus employeurs. On retrouve également les secteurs agricoles et de services à la personne. À contrario, les services de la communication et de l'information et les services aux entreprises sont peu pourvoyeurs d'emplois.

Tableau 19 : Répartition des établissements assujettis

	2013	2015	2017	2019
Établissements de plus de 20 salariés à OE.	99 800	100 300	100 150	99 700
Établissements conventionnés par un accord		11 030	12 500	13 400
TH équivalent temps plein	3.3%	3.8%	3.3%	3.5%
TH en personnes physiques	386 000			491 200
Établissements employant au moins un TH	78%	79%	79%	80%
Établissements versant une contribution financière	8%	7%	9%	9%

Le taux d'emploi dans le secteur public (Cf. Tableau 16) doit être relativisé en raison des règles différentes de comptabilisation portant sur la catégorie de personnels pouvant bénéficier de l'obligation d'emploi. Ainsi, en 2017, 75% des bénéficiaires de l'obligation d'emploi dans le secteur privé avaient une reconnaissance de travailleurs handicapés, contre 54% dans le secteur public. De même, le taux d'emploi est largement fonction du secteur d'activité : 4.5% dans la fonction publique d'État, 5.5% dans la fonction hospitalière et 6.6% dans la fonction publique territoriale.

3.4 – L'emploi dans les entreprises adaptées

Les entreprises adaptées[12], créées en 2006, ont pour objectif de permettre à des personnes en situation de handicap d'accéder à l'emploi dans des conditions adaptées à leur capacités physiques et professionnelles. L'entreprise adaptée (EA) est une entreprise qui emploie au minimum 55% de personnes handicapées dans ses effectifs. Elle reçoit des aides de l'État représentant en moyenne un quart de son budget. Les travailleurs handicapés sont soumis aux mêmes règles que les autres et sont rémunérés au minimum au smic.

Ces entreprises répondent à une double finalité, à savoir :

Tout d'abord, accompagner les travailleurs handicapés dans l'identification ou la consolidation de leur projet professionnel. Les EA aident ainsi les personnes handicapées à développer et à valoriser leurs compétences de façon à ce qu'elles puissent accéder à un emploi durable au sein de l'entreprise adaptée ou dans un autre

[12] Les entreprises adaptées font suite à la transformation des anciennes structures dites « ateliers adaptés », dont les missions étaient plus restreintes.

établissement privé ou public. Depuis le 1er janvier 2019, le modèle inclusif des EA renforce donc leur mission de placement et d'accompagnement de transition professionnelle.

Ensuite, les entreprises adaptées doivent développer des savoir-faire et des compétences dans les activités de production et de services. Elles peuvent alors intervenir comme producteurs, prestataires ou sous-traitants. Ainsi, les EA répondent à la fois à leur mission sociale mais aussi à une logique économique.

Un des outils, facilitant la transition professionnelle des personnes handicapées, dans les entreprises adaptées vers un emploi durable en milieu ordinaire, est le CDD tremplin, mis en place depuis 2019[13]. Le dispositif tremplin se décompose en trois étapes :

- L'entreprise adaptée embauche un travailleur handicapé pour une durée comprise entre 4 et 24 mois et pour une durée minimale hebdomadaire de travail de 20 heures.

- L'EA construit alors avec le recruté un parcours de professionnalisation et de formation, adapté à ses besoins.

- L'entreprise adaptée s'engage vis-à-vis de l'État sur un objectif de 30% de placements vers un emploi durable. Dans ce cas, une entreprise ordinaire embauche le travailleur handicapé et l'intègre à ses effectifs. Le travailleur handicapé et l'entreprise bénéficient alors d'un accompagnement de l'entreprise adaptée, suivi permettant de procéder à d'éventuels ajustements (formations, adaptation du poste de travail, ..).

---

[13] Fin décembre 2020, 252 EA sont habilitées à mettre en œuvre l'expérimentation sur le territoire et 1 149 CDD tremplin étaient en cours, contre 508 à la fin décembre 2019.

De même, des entreprises adaptées spécialisées dans le travail temporaire (EATT)[14] sélectionnent des candidats sur leur profil et leurs compétences et les positionnent sur des missions à court terme proposées par des entreprises ordinaires. Les EATT suivent les mêmes process et ont les mêmes obligations que les EA. Toutefois, ces missions à court terme permettent aux travailleurs handicapés de renforcer leurs compétences et leur employabilité en les gardant actifs. L'avantage pour l'entreprise les employant est que le travailleur intérimaire est comptabilisé comme un emploi direct au sein de l'entreprise en rentrant dans le calcul des quotas de travailleurs handicapés. De plus, les achats (fournitures, sous-traitance, prestations de services) effectués par l'entreprise auprès de l'EA sont déductibles de la contribution annuelle.

Ainsi, les entreprises adaptées sont devenues, depuis les lois de 2018, de véritables leviers vers l'emploi ordinaire pour les travailleurs handicapés. Le plan spécifique « Cap vers l'entreprise inclusive 2018 - 2022 » prévoit une forte accélération de la croissance des effectifs[15] de travailleurs handicapés accompagnés par les entreprises adaptées en donnant de nouveaux moyens pour permettre cette évolution. Le schéma d'inclusion est simple :

Demandeur d'emploi en situation de handicap	→	Salarié d'une entreprise adaptée	→	Salarié d'une entreprise

Le plan d'investissement en compétences, de 50 millions d'euros finançant les EA, a pour objectif de

[14] Fin décembre 2020, 14 EA ont été autorisées à créer un EATT et 253 contrats en EATT ont débuté en 2020.

[15] La loi prévoyait le passage de 40 000 travailleurs handicapés accompagnés par les EA en 2018 à 80 000 en 2022.

développer des formations personnalisées pour les travailleurs handicapés de façon à mieux répondre aux besoins exprimés par des filières professionnelles en tensions.

3.5 – Les créateurs d'entreprises

Les créations d'entreprises par les personnes handicapées ont été en hausse de 2013 à 2019 passant de 2 990 à 3 985. La crise sanitaire a toutefois stoppé le mouvement puisque ces créations aidées par l'Agefiph sont repassées à 3 099 en 2020, soit -22% en 1 an, avec un niveau très proche de 2013.

Tableau 20 : Les créations d'entreprise par des personnes handicapées

	2013	2015	2017	2018	2019	2020
Créations d'activité aidées par l'agefiph	2 990	3 322	3 165	3 600	3 985	3 099

Les hommes sont majoritaires dans ce processus de création d'activité (59% des créations en 2020) et les séniors (plus de 50 ans) sont plus faiblement représentés (31% des créations). Ainsi, l'âge moyen du créateur est de 44 ans. Il convient également de noter que 60% des créatcurs d'entreprises avaient un diplôme supérieur ou égal au baccalauréat (+ 3% par rapport à 2019).

Bibliographie :

AGEFIPH « *Emploi et chômage des personnes handicapées* », Observatoire de l'emploi et du handicap, Tableaux de bord de 2015 à 2021.

AGEFIPH (2020), « *Entreprises adaptées : des alliées économiques et stratégiques* ».

C. Aubin (2004), « *La compensation du handicap au Royaume-Uni* », Rapport IGAS.

P. Bazin, A. Bodon, R. Dauvergne, J.M. Palach, E. Robert (2016), « Les entreprises adaptées », Rapport IGAS.

Commission européenne (2010), « *Stratégie européenne 2010-2020 en faveur des personnes handicapées : un engagement renouvelé pour une Europe sans entraves* ».

DARES (2013), « *Accès à l'emploi et qualité de l'insertion professionnelle des travailleurs handicapés en milieu ordinaire de travail* », n°32.

DARES (2016), « *L'Obligation d'Emploi des travailleurs handicapés : Comment les établissements s'en acquittent-ils ?* », n° 64.

DRESS (2006), « La prise en charge du handicap aux Pays-Bas », Études et Résultats.

IGAS (2007), « *La dimension européenne des politiques sociales* », Rapport.

IGAS (2020), « *Handicap et Emploi : 2019 – 2020* » Rapport.

Conclusion

Le handicap n'est pas unique, il est pluriel par son origine (maladie, accident), sa nature (physique, santé, mentale, psychique) et son degré de sévérité. De plus, les altérations peuvent être stables ou évolutives, provisoires ou définitives. Ces situations de handicap très diverses impliquent des besoins très différents en termes de prise en charge, d'adaptation de l'environnement au travail et d'insertion professionnelle. Aussi, la vision du handicap est souvent très partielle. Dans l'entreprise, voire dans la société, la représentation du handicap reste un problème physique, d'accessibilité aux locaux et d'adaptation au poste de travail. Dans bien des cas, le handicap est invisible et la personne hésite à faire état de ses problèmes de santé. Cette situation la prive alors de l'accès aux dispositifs réservés aux travailleurs reconnus handicapés.

Dans ces conditions, les politiques publiques manquent de repères pour s'avérer efficaces. La conception et la mise en œuvre des politiques publiques supposent une fine connaissance des besoins ex-ante et d'une évaluation des actions ex-post. Or l'information en amont et en aval est encore faible.

Jusqu'au milieu des années 2010, la politique française d'insertion des personnes handicapées était ancrée dans une démarche de protection sociale. Elle se fonde encore aujourd'hui sur un modèle de quotas d'emplois réservés dans les secteurs privé et publics et accompagnés d'aides financières et de pénalités. S'y ajoutent un système d'emplois protégés dans des entreprises adaptées. Cependant, le modèle anglo-saxon des droits, fondé sur la non-discrimination est progressivement introduit. Il met l'accent sur l'insertion en milieu ordinaire et l'obligation pour l'employeur de procéder à des aménagements, raisonnables par les coûts, de l'environnement de travail pour les salariés handicapés. Ces ajustements peuvent être subventionnés par les pouvoirs publics.

Pourquoi les pouvoirs publics introduisent-ils en partie le modèle anglo-saxon ? Deux arguments peuvent l'expliquer.

Le premier est que les effets du système de quotas sur le marché du travail sont loin d'être satisfaisants. Le taux d'emploi des travailleurs handicapés dans les entreprises n'est pas forcément source d'amélioration sur le marché du travail pour ceux-ci. En effet, le taux d'emploi peut être amélioré dans trois circonstances, mais une seule est source d'effets positifs sur le marché du travail (Cf. Tableau 21).

Dans ce contexte, deux types d'effets peuvent se produire sur le marché du travail.

Tout d'abord, des effets d'éviction : la reconnaissance quasi automatique du statut de travailleur handicapé fait que les entreprises ont la possibilité de faire face à l'obligation d'emploi en recrutant des salariés faiblement affectés par leur handicap au détriment des personnes plus lourdement handicapées et souvent moins qualifiées.

Ensuite, des effets d'aubaine liés à des stratégies d'optimisation de la contrainte d'emploi par les entreprises qui incitent un salarié à se faire reconnaitre travailleur handicapé pour rentrer dans les quotas d'emploi, alors même que le handicap ne posait aucun problème dans le poste occupé.

Tableau 21 : Effets sur le marché du travail

Augmentation du taux d'emploi dans les entreprises	Effet sur le marché du travail
Un salarié, en situation de handicap, est reconnu et déclaré comme travailleur handicapé	Sans effet sur le marché du travail : le statut du salarié a simplement changé dans l'établissement.
Un salarié de l'entreprise devient travailleur handicapé suite à un accident ou à une maladie	Sans effet sur le marché du travail : cependant, le maintien du travailleur handicapé dans l'entreprise peut éviter l'accroissement des taux de chômage ou d'inactivité.
Un travailleur handicapé est embauché par une entreprise	Effet positif sur le marché se concrétisant par : - Une baisse du taux de chômage sin la personne handicapée était demandeuse d'emploi, - Une baisse du taux d'inactivité s'il n'était pas inscrit en tant que demandeur d'emploi.

Le deuxième élément est l'évolution de la contribution financière des employeurs, instaurée par les lois de 1987 et 2005. Celle-ci est la principale ressource du financement des mesures pour l'emploi des travailleurs handicapés. Ce système de redistribution horizontale entre employeurs fonctionne selon deux critères, à savoir : d'une part, leur niveau de mobilisation pour l'emploi des travailleurs handicapés (transfert financier des entreprises s'acquittant de la contribution vers les entreprises employant des travailleurs handicapés) et, d'autre part, de l'importance des effectifs salariés (la contribution est croissante avec le niveau des effectifs employés pour les entreprises de plus de 20 salariés).

Ces montants servent à financer les mesures d'aide à l'insertion et au maintien en emploi des travailleurs handicapés en milieu ordinaire. Cependant, l'équilibre financier des deux organismes gestionnaires (Agefiph et Fiphfp) est menacé. Du côté des ressources, on note une tendance structurelle à la baisse due à l'augmentation du nombre d'établissements employant des travailleurs handicapés plutôt que payant une contribution. Cependant, du côté des dépenses, l'emploi d'un nombre croissant de travailleurs handicapés fait que les organismes financeurs sont de plus en plus sollicités pour financer les besoins d'aménagement liés aux emplois. Jusqu'en 2008, les recettes (762 millions d'euros) des organismes collecteurs étaient très supérieures aux dépenses d'intervention (566 millions d'euros). En 2011, les dépenses d'intervention (690 millions d'euros) sont quasiment équivalentes aux recettes (706 millions). À partir de cette date, le déséquilibre s'accentue et, en 2016, il attend 181 millions d'euros (548 millions de ressources contre 729 millions de dépenses). Il est donc nécessaire de repenser le modèle de financement car, souvent, il incite les employeurs à « fabriquer » des travailleurs handicapés et multiplier les reclassements pour inaptitude. C'est pourquoi, en 2018, la politique anti discrimination a été introduit à côté du système de quotas

Le modèle inclusif apparaît ainsi comme une porte de sortie efficace du dispositif actuel de quotas. Il part de l'idée qu'il ne faut pas stigmatiser dans une catégorie particulière de population, les personnes handicapées qui bénéficient de politiques spécifiques visant à mieux les intégrer. La conséquence d'un modèle purement de marché est que les personnes handicapées ne sont plus protégées (Cf. le modèle anglais). Elles rentrent en concurrence directe avec les personnes valides sur l'emploi dans les entreprises ordinaires. Ce modèle peut donc s'assimiler à un retrait de l'État dans le fonctionnement du marché et à un report de la responsabilité et du coût de l'intégration des personnes handicapées sur le secteur privé.

Le système français actuel présente une certaine dualité des dispositifs entre la décision de maintenir les quotas (politique sociale protectrice) et le modèle de droits (non-discrimination par l'inclusion). Il doit tenir davantage compte de la nature et de la sévérité du handicap de façon à gérer de manière plus efficace l'insertion professionnelle de toutes personnes ayant un handicap reconnu ou non.

Tableau 22 : Un dispositif dual d'insertion

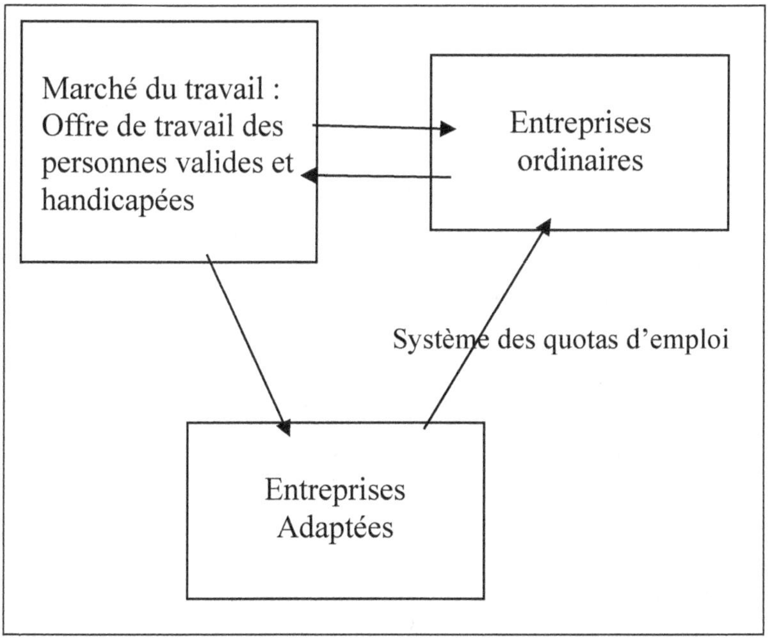

Le modèle de droit opère dans les relations marché du travail / entreprises alors que le modèle des quotas s'applique dans les relations entreprises adaptées / entreprises ordinaires. Ce schéma implique :

- Un système de reconnaissance du statut de travailleur handicapé plus sélectif sur une base médicale[16] renforcerait son efficacité et permettrait une orientation des personnes handicapées dans le système dual.

- Les travailleurs plus faiblement handicapés passent par le marché du travail, permettant une inclusion avec si nécessaire une aide financière publique apportée à l'entreprise dans le cas d'un aménagement de l'environnement du poste de travail.

- Un système de quotas d'emploi concernant les personnes handicapées les plus gravement atteintes. Les demandeurs d'emploi en situation de handicap passent alors par une phase transitoire dans des entreprises adaptées dont l'objectif est de faire rebasculer les travailleurs handicapés dans des entreprises ordinaires.

- L'aide à l'insertion des personnes handicapées relève du domaine des politiques sociales et répond à l'idée de solidarité nationale entre les personnes valides et les handicapées. De ce fait, une cotisation supplémentaire pourrait être introduite sur la masse salariale de toutes les entreprises et des pénalisations progressives pour le non-respect des quotas d'emploi agiraient comme une contrainte pour les entreprises soumises au dispositif.

---

[16] En Allemagne, le handicap grave est reconnu à partir d'un taux d'incapacité de 50% évalué sur un barème médical par l'administration sociale du handicap. Toutefois, certaines personnes ayant un taux d'incapacité compris entre 30 et 50% peuvent être intégrées au premier groupe.

Ce système dual permettrait de cibler davantage, avant le recrutement, les perspectives des personnes handicapées dans les entreprises et de limiter les effets d'éviction et d'aubaine. Il permettrait de responsabiliser davantage les différents acteurs sur le marché du travail.

Pendant un demi-siècle, l'efficacité économique du système de production de biens et de services a été privilégiée sur l'objectif de solidarité sociale, conduisant à une marginalisation de certains groupes sociaux dont les personnes handicapées les plus gravement atteintes. On ne peut qu'espérer que le contexte actuel de relocalisation des activités permettra de renouer les liens sociaux et de faciliter l'insertion professionnelle de ces groupes.

Liste des tableaux :

Tableau 1 : la classification internationale du fonctionnement, du handicap et de la santé	13
Tableau 2 : Typologie du handicap	15
Tableau 3 : Typologie des modèles sociaux	33
Tableau 4 : la méthode incantatoire	35
Tableau 5 : L'école incitative	36
Tableau 6 : Segmentation du marché du travail	42
Tableau 7 : La demande de travail en fonction du coefficient de discrimination	51
Tableau 8 : Utilité et profit dans un modèle népotique	61
Tableau 9 : Population de Bénéficiaires de l'Obligation d'Emploi	84
Tableau 10 : Évolution sur longue période du taux d'activité (en %).	87
Tableau 11 : Évolution sur longue période du taux d'emploi (en %).	88
Tableau 12 : Évolution sur longue période du taux de chômage (en %).	89
Tableau 13 : Caractéristiques de la population ayant un handicap (en %)	91
Tableau 14 : Caractéristiques des demandeurs d'emploi en situation de handicap (en %)	92
Tableau 15 : L'insertion des travailleurs handicapés	97

Tableau 16 : Les travailleurs handicapés et l'alternance	99
Tableau 17 : Part de travailleurs handicapés dans l'ensemble des établissements assujettis (en %)	101
Tableau 18 : Taux d'emploi direct des travailleurs handicapés en fonction de la taille de l'établissement (en %)	101
Tableau 19 : Répartition des établissements assujettis	102
Tableau 20 : Les créations d'entreprise par des personnes handicapées	106
Tableau 21 : Effets sur le marché du travail	109
Tableau 22 : Un dispositif dual d'insertion	111

Plan de l'ouvrage :

Introduction	7
Partie I – Les dispositifs d'insertion des personnes Handicapées sur le marché du travail	11
§1 – Définitions et typologie du handicap	11
1.1 - Définitions du handicap	11
1.2 – Typologie du handicap	14
§2 – La politique française du handicap	16
2.1 – Le cadre législatif	17
2.2 – Implications de la législation	22
2.3 – Refondation de la loi sur le handicap	24
§3 – La politique britannique du handicap	26
3.1 – Le cadre législatif	26
3.2 - Implications du New Deal	28
§4 – La politique européenne	31
4.1 – Le cadre général de la politique européenne	31
4.2 – Typologie des dispositifs	32

Partie II – Modélisation de la gestion des personnes handicapées	39
§1 – La notion de discrimination	39
1.1 – La discrimination sur le marché	40
1.2 – La discrimination dans l'emploi	46
§2 – Un modèle basé sur la différenciation salariale	49
2.1 - Les hypothèses du modèle	49
2.2 – Les conséquences du modèle	52
2.3 – L'alternative subvention / transfert	54
2.4 – L'analyse de la discrimination positive	58
§3 – L'arbitrage à l'emploi dans un modèle d'efficience	62
3.1 – Les modèles du salaire d'efficience	62
3.2 – Modèle d'efficience et dualité du marché	66
3.3 – Salaire d'efficience et surcoût d'intégration	69
3.4 – Salaire d'efficience et pénalités	72

Partie III – Les personnes handicapées sur le marché du travail	81
§1 – Données générales du marché du travail	82
1.1 – Le chômage des travailleurs handicapés	83
1.2 – Le taux d'activité	86
1.3 – Le taux d'emploi	87
1.4 – Le taux de chômage	89
§2 – Caractérisation des personnes handicapées	90
2.1 – La population reconnue handicapée	91
2.2 –Les facteurs structurels d'exclusion	93
§ 3 – L'emploi des travailleurs handicapés	95
3.1 – L'insertion directe par le marché	96
3.2 – Les contrats d'alternance	98
3.3 – Les entreprises qui emploient	100
3.4 – Les emplois dans les entreprises adaptées	105
3.5 – Les créations d'entreprise	108
Conclusion	109

Revue « Marché et Organisations »

Promouvoir la recherche originale sur les relations de plus en plus étroites entre le marché et les organisations. Les acteurs économiques de taille, de puissance et de pouvoir différents dont les intérêts peuvent être convergents, complémentaires ou, le plus souvent, antagoniques, ont tendance à organiser les marchés. La raison du marché, pourtant, est la référence stratégique pour l'entreprise ainsi que pour les institutions publiques de décision économique.

Numéros parus :

N°1 : Artisanat. La modernité réinventée, 2006
N°2 : La petite entreprise, elle a tout d'une grande. De l'accompagnement aux choix stratégiques, 2006
N°3 : Tourisme et Innovation. La force créative des loisirs, 2007
N°4 : Le travail. Formes récentes et nouvelles questions, 2007
N°5 : Les universités et l'innovation. L'enseignement et la recherche dans l'économie des connaissances, 2007
N°6 : Entrepreneuriat et accompagnement. Outils, actions et paradigmes nouveaux, 2008
N°7 : Développement durable des territoires. Economie sociale, environnement et innovations, 2008
N°8 : Développement durable et responsabilité sociale des acteurs, 2009
N°9 : Gouvernance : exercices de pouvoir, 2009
N°10 : Le travail collaboratif. Une innovation générique, 2009
N°11 : Economie sociale et solidaire. Nouvelles trajectoires d'innovations, 2010
N°12 : Relations à la marque et marques de la relation. Regards croisés sur le management relationnel de la marque, 2010
N°13 : Les contrats au service de la recherche ?, 2011
N°14 : Le potentiel économique de l'Afrique subsaharienne, 2011
N°15 : Management de la distribution, 2012
N°16 : Territoire Vert. Entreprises, Institutions, Innovations, 2012
N°17 : Eco-conception, conception et innovation. Les nouveaux défis de l'entreprise, 2013
N°18 : Intelligence économique : entreprises et territoires, 2013
N°19 : La finance globale. Un monde fini, 2013
N°20 : La crise du « développement », 2014
N°21 : La Chine innove. Politiques publiques et stratégies d'entreprise, 2014
N°22 : Go East! Nouvelles Economies de Marché, 2015
N°23 : L'économie du changement, 2015
N°24 : Le temps des artisans. Permanences et mutations, 2015
N°25 : Innovations de proximité et esprit d'entreprise, 2016
N°26 : L'avenir des économies du Maghreb : entre inertie structurelle et envie de rupture, 2016/3 (n° 27)
N°27 : Le sport aux frontières du marché du travail, 2016
N°28 : Dynamiques internationales des entreprises, 2017
N°29 : L'univers du risque, 2017
N°30 : Les petites entreprises dans l'histoire industrielle, 2017
N°31 : Economie sociale et *social business* ? Au défi d'entreprendre et se financer, 2018
N°32 : Éducation et fertilisation des économies africaines, 2018
N°33 : L'entrepreneuriat innovant dans les pays du Maghreb, 2018
N°34 : L'entrepreneuriat scientifique : institutions et innovation, 2019
N°35 : Le champ économique de la culture, 2019
N°36 : Economie sociale et solidaire ? Modèles d'innovation et modes de gouvernance, 2019
N°37 : Rethinking Luxury Business, 2020
N°38 : La santé connectée. Nouvelles technologies et réorganisation des soins, 2020
N°39 : Options stratégiques et systèmes complexes d'innovation, 2020
N°40 : Les services : intégration des systèmes productifs et lien social, 2021
N°41 : Crise pandémique, crise globale. Réalité et controverses théoriques, 2021
N°42 : La crise de la covid-19. Le marché et les organisations en perspective, 2021
n°43 : (Re)faire système. *Bug & reset*, 2022
n°44 : Aléas du marché et management du risque, 2022

Collection « L'esprit économique »

fondée par Sophie Boutillier et Dimitri Uzunidis en 1996

Dernières parutions

► ***Série Economie et Innovation***
T. MICHAUD, *La réalité virtuelle : de la science-fiction à l'innovation*, 2018.
B. LAPERCHE, M. LIMA, E. SEULLIET, B. TROUSSE (dir.), *Les écosystèmes d'innovation. Regards croisés des acteurs clés*, 2019.
S. MONNERIE, *L'économie digitale révolutionne le monde. Innovation et total design*, 2019.
T. MICHAUD, *Le projet spatial européen, entre pragmatisme et imagination*, 2020.
J.-P. SCHMITT, N. RAVIDAT, *Management conjoint de la technologie et de la personne. Pour performer et croitre*, 2020.
Y. EL YAHYAOUI, *Economie des plateformes numériques. Captation de la valeur, pouvoir de marché et communs collaboratifs*, 2021.
► ***Série Le Monde en Question***
F. FAURE, *Empowerment et finance. La démocratie au service de l'investissement socialement responsable*, 2021.
A. SGHAIER, *La finance islamique. Aspects critiques de la finance conventionnelle*, 2021.
H. AGOURRAME, *La règlementation bancaire internationale. Genèse, évolution et impact sur le « business model » des banques*, 2021.
A. AMINE, C. GALLOUJ, *Consommateurs et pratiques de consommation au Maroc*, 2021.
T. MARINOVA, *Economie sociale et solidaire dans les pays des Balkans. Bulgarie, Roumanie, Serbie : quels enseignements ?* 2021.
T. GARCENOT, *La finance contre le dérèglement climatique. Politiques monétaires et enjeux géopolitiques de la finance verte*, 2021.
A. VALLERAY, *Mondialisation mon amour. Avatars d'une utopie*, 2021.
► ***Série Krisis***
M. RAMEAUX, *Le tao de l'économie. Du bon usage de l'économie de marché*, 2020.
B. TONGLET, *Innovation et dynamique discontinue au bas Moyen Age. Pour une autre approche de l'histoire économique*, 2020.
J.-C. MOREL, *La nécessaire valorisation de la richesse ou intégrer le capital humain au bilan*, 2020.
V. LAURE VAN BAMBEKE, *La valeur du travail humain. Essai sur la refondation de l'expression monétaire de la valeur-travail*, 2021.
A. FONTAINE, *L'économie est l'opium du peuple. Une fausse science*, 2021.
A. RODRIGUEZ-HERRERA, Travail, valeur et prix. Reprise et clôture d'un débat centenaire (1885-1985) a la lumière des textes marxiens, 2021.
► **Série *Clichés***
S. BOUTILLIER, D. UZUNIDIS (dir.), *La Russie européenne. Du passé composé au futur antérieur*, 2008.
R. VOLPI, *La négociation. Pain, paix, liberté*, 2009.
► ***Série Cours Principaux***
G. DUTHIL, *Economie publique et métamorphoses sociales*, 2019.
R. SANTENAC, *Le cycle des crises financières. Une étude approfondie des causes, des impacts et de la fréquence*, 2020.
B. LANDAIS, *Macroéconomie efficace. Croissance et crises*, 2020.
A. MBULI LANDU, *Le memo d'un comptable. Approche par le SYSCOHADA révisé*, 2021.
M. EL KARRIM, *Introduction à l'économétrie appliquée*, 2022.
► ***Série L'économie formelle***
A. EL ALAOUI, *Modèle d'équilibre général calculable. Présentation théorique et application empirique*, 2020.
H. AMAAZOUL, *Responsabilité sociétale des entreprises et performance financière. Étude appliquée aux entreprises marocaines*, 2021.
M. BERTONECHE, *Chroniques économiques de notre temps*, 2021.
E. CARREY, H. LANDIER, *Après la guerre contre la Covid : de l'économie financière a l'entrepreneuriat social*, 2021.
J. LATREILLE, *Sale temps pour l'économie marchande*, 2021.

Structures éditoriales du groupe L'Harmattan

L'Harmattan Italie
Via degli Artisti, 15
10124 Torino
harmattan.italia@gmail.com

L'Harmattan Hongrie
Kossuth l. u. 14-16.
1053 Budapest
harmattan@harmattan.hu

L'Harmattan Sénégal
10 VDN en face Mermoz
BP 45034 Dakar-Fann
senharmattan@gmail.com

L'Harmattan Cameroun
TSINGA/FECAFOOT
BP 11486 Yaoundé
inkoukam@gmail.com

L'Harmattan Burkina Faso
Achille Somé – tengnule@hotmail.fr

L'Harmattan Guinée
Almamya, rue KA 028 OKB Agency
BP 3470 Conakry
harmattanguinee@yahoo.fr

L'Harmattan RDC
185, avenue Nyangwe
Commune de Lingwala – Kinshasa
matangilamusadila@yahoo.fr

L'Harmattan Congo
67, boulevard Denis-Sassou-N'Guesso
BP 2874 Brazzaville
harmattan.congo@yahoo.fr

L'Harmattan Mali
ACI 2000 - Immeuble Mgr Jean Marie Cisse
Bureau 10
BP 145 Bamako-Mali
mali@harmattan.fr

L'Harmattan Togo
Djidjole – Lomé
Maison Amela
face EPP BATOME
ddamela@aol.com

L'Harmattan Côte d'Ivoire
Résidence Karl – Cité des Arts
Abidjan-Cocody
03 BP 1588 Abidjan
espace_harmattan.ci@hotmail.fr

Nos librairies en France

Librairie internationale
16, rue des Écoles
75005 Paris
librairie.internationale@harmattan.fr
01 40 46 79 11
www.librairieharmattan.com

Librairie des savoirs
21, rue des Écoles
75005 Paris
librairie.sh@harmattan.fr
01 46 34 13 71
www.librairieharmattansh.com

Librairie Le Lucernaire
53, rue Notre-Dame-des-Champs
75006 Paris
librairie@lucernaire.fr
01 42 22 67 13

www.ingramcontent.com/pod-product-compliance
Lightning Source LLC
LaVergne TN
LVHW051359061026
849535LV00009B/3259